Quality Investing 价值投资者的护城河

[美] 劳伦斯 · A. 坎宁安（Lawrence A.Cunningham）
[挪] 托克尔 · T. 艾德（Torkell T. Eide）
[英] 帕特里克 · 哈格里夫斯（Patrick Hargreaves）
—————— 著

易伊　谭怡琦 —————— 译
侯佳楠 郭子凡 尚志 —————— 审订

版权合同登记号　图字：01-2016-8183

图书在版编目(CIP)数据

价值投资者的护城河 /（美）劳伦斯・A. 坎宁安（Lawrence A. Cunningham），（挪）托克尔・T. 艾德（Torkell T. Eide），（英）帕特里克・哈格里夫斯（Patrick Hargreaves）著；易伊，谭怡琦译 . -- 北京：当代中国出版社，2018.2

书名原文 : Quality Investing：Owning the Best Companies for the Long Term

ISBN 978-7-5154-0793-7

Ⅰ. ①价…　Ⅱ. ①劳…②托…③帕…④易…⑤谭…　Ⅲ. ①投资—研究　Ⅳ. ① F830. 59

中国版本图书馆 CIP 数据核字（2017）第 157075 号

出 版 人　曹宏举
策　　划　中资海派
执行策划　黄　河　桂　林　隋　聃
策划编辑　隋　聃
责任编辑　隋　聃
特约编辑　王　影　乔明邦
责任校对　康　莹
封面设计　安宁书装
版式设计　胡小瑜
出版发行　当代中国出版社
地　　址　北京市地安门西大街旌勇里 8 号
网　　址　http: //www. ddzg. net　邮箱：ddzgcbs@sina. com
邮政编码　100009
编 辑 部　（010）66572264　66572154　66572132　66572180
市 场 部　（010）66572281　66572161　66572157　83221785
印　　刷　深圳市东亚彩色印刷包装有限公司
开　　本　787 毫米 × 1092 毫米　1/16
印　　张　12 印张　168 千字
版　　次　2018 年 2 月第 1 版
印　　次　2019 年 4 月第 2 次印刷
定　　价　52.00 元

致中国读者的信

To All Our Friends in China,

Although this book is European in origin, its concepts are equally applicable to quality businesses globally.

We hope the ideas contained in it help you to identify and benefit from the huge potential of China's most outstanding companies.

Best of luck for the future!

Larry, Torkell and Patrick

致中国的朋友们：

虽然本书最初在欧洲出版，但书中的内容适用于全世界的品质企业。

我们希望书中的观点能帮助读者甄别中国最杰出的企业，并且从巨大潜力中受益。

祝你们未来好运！

拉里（劳伦斯的昵称）、托克尔和帕特里克

AKO Capital

AKO Capital 是一家在欧洲享有盛誉的对冲基金公司，以独特的“品质投资”哲学和深度研究驱动的方法论闻名，截至 2025 年 8 月，其管理资产规模超 206 亿美元。

自 2013 年起，AKO Capital 在专注欧洲股票投资的基础上，增设了全球股票投资组合。这一举措促进了不同投资领域间的观点交融与深度分析，为旗下所有基金创造了协同价值。

AKO Capita 于 2012 年获评估欧洲对冲基金业绩和声誉的重要参考机构——欧洲对冲（Eurohedge）授予“最佳规模超 5 亿美元欧洲股票基金”奖。

AKO Capita 业绩持续性备受认可：2006 年入围“最佳欧洲股票基金”及“最佳新设欧洲股票基金”提名；并在 2009、2010、2012、2014、2016、2017 及 2018 年多次获得“最佳规模超 5 亿美元欧洲股票基金”提名。

AKO Capita 于 2016 年入围“最佳新设全球基金”，2017 年及 2018 年连续获得“最佳规模超 5 亿美元全球股票基金”提名，并于 2019 年成功斩获该奖项。

AKO Capita 在 2017 年入围“年度最佳新设基金”和“最佳全球股票基金（一年期）”，随后于 2018 年欧洲对冲绝对收益 UCITS 评选中同时夺得“最佳全球股票基金（一年期）”及综合“年度基金”两大桂冠。

名家推荐

Quality Investing

尼古拉·坦根（Nicolai Tangen）

全球最大的主权财富基金挪威主权财富基金 CEO，原 AKO Capital 创始人

投资是一门情报学。真正的优势不在于比别人聪明，而在于：能问得比别人更深，听得比别人更细，准备得比别人更充分。《价值投资者的护城河》一书，便揭示了 AKO Capital 如何构建这种优势。

史蒂芬·布莱斯（Stephen Blyth）

哈佛管理公司（Harvard Management Company）董事长兼 CEO，哈佛大学统计学实践教授

投资就是不断学习的过程，本书提供并分析了英国对冲基金 AKO Capital 遵循品质投资理念进行操作的著名案例，任何人都会从中获得实质性的经验。

彼特·H. 安蒙（Peter H. Ammon）

宾夕法尼亚大学（University of Pennsylvania）首席投资官

本书告诉我们帮助英国对冲基金 AKO Capital 走向成功的科学与艺术。《价值投资者的护城河》既是一本投资手册，也是一首对优秀企业之美的颂歌。

韩瑞龙（Henrik Ehrnrooth）
通力集团（KONE）总裁

《价值投资者的护城河》根据现实生活的实例和经验，向我们展示了评估投资机会的独特方法。书中充满了有趣的案例和观点，不仅能让投资者受益匪浅，还能让追求建立高品质企业并长久经营的领导者获益良多。本书堪称非凡的作品，值得商业领导、MBA 学生和投资者一读。

杰森·卡莱茵（Jason Klein）
纽约史隆凯特琳癌症纪念医院（Memorial Sloan Kettering Cancer Center）高级副总裁兼首席投资官

如果你正在读彼得·林奇（Peter Lynch）的《彼得·林奇的成功投资》（*One Up on Wall Street*）和塞斯·卡拉曼（Seth Klarman）的《安全边际》（*Margin of Safety*）时遇到困惑，那么《价值投资者的护城河》会一一为你解答。本书结合了识别可持续增长（Sustainable growth）的洞察力以及精准的运算，让你在机会来临之际果断出击，并提供有利可图的投资艺术。

托马斯·A. 鲁索（Thomas A. Russo）
投资顾问公司 Russo & Gardner 公司合伙人

我极力推荐《价值投资者的护城河》，因为这是一本利用投资原则核心力量的指南。它为我们展示了为何最好的长期“安全边际”不是来自投资的价格，而是来自企业竞争优势的价值。

尼尔·奥斯特（Neil Ostrer）
马拉松资产管理公司（Marathon Asset Management）创始人

这是来自一支顶尖品质投资团队的力作。《价值投资者的护城河》清晰、严谨地剖析了卓有成效的长期投资策略。在短期投资理念当道的世界，本书提出的观点是不可多得的知识财富。

哈桑·马斯里（Hassan Elmasry）
独立特许合作经营伙伴（Independent Franchise Partners）创始人兼首席投资组合经理

这本书以简洁、清晰的内容介绍了稳健的投资原则、独到的商业模式和丰富多彩的商业案例。能读到这样一本好书实在令人愉悦。

迈克尔·奥利里（Michael O' Leary）
瑞安航空公司（Ryanair）欧洲最大的廉价航空公司执行总裁

AKO Capital 是最早发现瑞安航空公司成功秘密的机构之一……一位潇洒帅气的 CEO，一条超凡的策略，让我们不得不折服。他们都是天才。如果想要拥有更好的生活，你就必须读这本书。

艾伯特·贝尼（Albert Baehny）
吉博力集团（Geberit）董事长，欧洲卫浴科技的市场领导者

优秀的作品：清晰易懂、见解深刻。《价值投资者的护城河》为股东评估公司提供了重要的帮助。

约翰·卢比（John Looby）
Kleinwort Benson Investors 投资组合经理，价值投资学院创始人兼董事会成员

战胜市场是可能的，但绝非易事。以合理价格买入卓越的公司，能让成功的概率向你倾斜。《价值投资者的护城河》为专业投资者和充满热情的业余投资者应对这一长期挑战提供了绝佳指南。阅读它，助你提升投资成功的概率。

托马斯 · S. 盖纳（Thomas S. Gayner）
马克尔公司（Markel Corporation）总裁兼首席投资官

品质至上。如果你是一名长期投资者，几乎找不到其他能够增强最终回报的因素了。我的意思是，品质无法精确地衡量，因为它体现了较为主观的品质因素，而非可以轻易量化的因素。品质也具有不确定性，并且随着时间的变化而变化。本书试图提供通过案例研究、概述和可以量化的方法来帮助投资者系统地思考品质及其重要性。好好享受此书吧。

约翰 · 米哈杰维奇（John Mihaljevic）
《思想手册》（*The Manual Of Ideas*）作者

本书是价值投资库中不可或缺的补充，必将吸引新手和专家的一致好评。书中生动的现实案例表明，长期持有高品质公司股票会带来复利的作用。

保罗 · 朗提斯（Paul Lountzis）
朗提斯资产管理有限公司（Lountzis Asset Management , LLC）

《价值投资者的护城河》为投资者提供了丰富的资源，帮助他们加强关键制胜的投资知识。书中清晰地阐述了辨别和评估高品质公司的重要概念，并通过许多具体公司案例进行了深入阐述。我强烈向所有潜在投资者——从新手到有丰富经验的从业人员推荐本书。

案例分析

Quality Investing

科汉森 CHR HANSEN	生物科技行业，全球领先的生物科学公司 以低成本获得高收益（p64）
瑞安航空公司 RYANAIR	交通运输行业，欧洲最大的廉价航空公司 削减成本、高折扣采购（p69）
爱马仕 HERMÈS PARIS	奢侈品行业，全球顶级奢侈品集团 品牌形象与稀缺性打造的定价权（p73）
帝亚吉欧 DIAGEO	洋酒行业，全球领先的跨国酒业集团 品牌实力带来经济效益的榜样（p79）
诺和诺德 novo nordisk®	医药行业，全球领先的糖尿病治疗公司 随时准备改变并热爱改变（p87）
陆逊梯卡 LUXOTTICA	眼镜行业，集眼镜的设计、制造、批发和零售一体化 前向整合，直通终端消费者（p92）
菲尔曼 fielmann	眼镜行业，德国眼镜行业领军者 从竞争对手处攫取市场份额（p96）
INDITEX INDITEX	服装行业，全球最大的时装零售商之一 全球化能力构筑“快时尚”风向标（p100）
瑞典商业银行 Handelsbanken	金融行业，全球最古老银行之一，成立于 1871 年 企业文化引领逆境中的利润飞升（p106）
益博睿 experian.	征信与信息服务行业，全球最大的征信机构之一 令人生畏的复制成本（p108）

意大利能源公司萨伊博姆

油田服务行业，全球领先的油田服务承包商

繁荣时期不会永存（p118）

诺基亚

NOKIA

电信设备行业，全球主要的电信设备供应商之一，苹果手机之前的手机霸主

不创新必然消亡（p123）

诺保科公司

Nobel Biocare™

医疗器械行业，全球领先的口腔种植解决方案提供者

足够好的产品不敌竞争环境（p131）

乐购

TESCO

零售行业，全球领先的零售商

衰败起于累积的消极因素（p146）

瑞典医科达

Elekta

医疗器械行业，全球领先的精准放射治疗解决方案提供者

会计预警信号揭露企业潜在问题（p150）

创作缘由

Quality Investing

教你识别高品质企业拥有的常见模式

起初，本书只是作为英国对冲基金 AKO Capital 内部的一个小项目决策使用。AKO Capital 是伦敦的一家股票基金公司，年均复合增长率（Compound Annual Growth Rate）是市场增长率的两倍多［年均 9.4% 对比明晟欧洲指数（MSCI Europe's）3.9%］[1]。成立 10 年以来，从它的长期记录[2]来看，实现了大约 8% 的超额回报率。

这个项目的初衷就是，通过将我们在调整以质为本的投资哲学中获取的经验，加以运用使其成为公司的理念。我们逐渐明白，**成功的投资无法脱离一定程度的模式识别。虽然行业和公司种类形形色色，经济环境变化莫测，但是强劲的投资表现往往拥有共性。**了解这些共性，就能帮助我们建立强势的投资组合。

在与 AKO Capital 团队的新成员分享了大量的累积材料后（目的是防止他们学过便置之脑后），成果显然应该分享给基金投资者。客户有权在实际的基础上，尽可能地多了解他们的资金管理。毕竟，在工作或生活中，牢固的长期合作关系都会建立在信任和开放的基础上达到最佳状态。

随着项目的扩大，AKO Capital 邀请了美国著名投资及商业书籍作家——劳伦斯 · A. 坎宁安加入。我们从材料中精选出的内容，不仅适用于更广泛的投资者读者，也适合于经济分析师和投资经理。现在，你手上的这本书包含了对品质投资的解释以及阐释高品质企业特质的大量案例。

我们不认为品质投资策略是走向投资成功的唯一路径。然而，我们坚持，无论带有何种投资风格的投资者，都应当花时间了解公司的基本属性，从行业定位到长期增长源。本书的概念是从长期持有一些顶尖企业的过程中，提炼大量实用的知识，以及一些从错误投资行为中学习到的误导性信息。

这本书的创作初衷在于帮助读者识别一些高品质企业拥有的常见的模式，我们通过补充背景资料提供了相关背景。这包括了从金融和运营的角度审视什么是品质，以及什么样的特质能帮助培养品质，并最终概述面临的挑战，以及一些减少潜在错误的风险的策略。

从美国到亚洲，高品质企业比比皆是，但本书的例子之所以大多是欧洲企业，主要是因为 AKO Capital 在欧洲股票市场拥有更深刻的传承。我们相信，从一个大陆汲取的经验可以应用于全球市场。因此，这与所有投资者、经理人和业务分析师都息息相关。

愤世嫉俗的人可能会说，撰写与投资相关的书就像是在赌精明的投资者什么时候会投资失利一样，成功的概率很低，毕竟只有小部分投资书籍禁得起时间的考验，经久不衰。优秀公司的例子可能会瞬间过时，或被证明完全错误，撰书时富有洞察力的观点最后也可能贻笑大方。

我们明白，书中的一些观点很有可能将会被推翻或不合时宜。正如生活中最重要、最有趣的事情一样，投资是一个持续不断的学习过程，而书籍所反映的便是适合当下的理论与信念。虽然我们坚信品质投资的基本原则是明智的，但也无法阻挡源源不断出现的新课题和新模式。我们将会和其他投资者一样，不断适应新变化。

于伦敦和纽约

2015 年 10 月

目 录

Quality Investing

导 语

Quality Investing

长期持有高品质企业，赚取超额收益

大家对品质的概念耳熟能详，这是我们每天都在评论的话题。然而，对品质进行清晰定义却是一种挑战。打开辞典，成打甚至更多关于品质的引申义便映入眼帘，但没有任何一条词义是从合作或投资的层面进行阐释的。每个人对品质都有自己鲜明的观点。我们最喜欢的一条解释出现在《禅与摩托车维修艺术》（*Zen and the Art of Motorcycle Maintenance*）一书中，作者曾写道，菲德拉斯（Phaedrus）告诉他的学生：“……虽然无法定义品质，但在你的心里，你再清楚不过了。”[3]

和价值投资比，品质投资有啥不一样？

对比之下，价值投资则简单易懂。询问专业投资人员“什么是价值投资”，他们的答案是一致的；但如果你问他们品质投资，他们的答案五花八门。答案围绕在某些关键主题上，例如强势管理以及有吸引力的增长。然而，一旦避开这些因素，关于品质的解释就会出现分歧。这是因为在投资中，品质的定义涉及多项特征的组合以及个人判断。

就像被幸运基因呵护的人一样，高品质公司往往带有无法言喻的特质。

想一想你的同辈，他们并不比你聪明、通情达理，但却能够进入理想的大学，获得梦想中的工作，赚取可观的收入。你试着厘清他们拥有而自己缺少的东西，却百思不得其解，最终只能将其归结为命运。

商业与人生有诸多相似之处。有些人做事情，总能得到优于常人的结果。他们看上去并非更加精明的收购者、更内行的营销者或更大胆的先驱者，但却可以更好地整合新生意、更成功地推介产品、用更少的代价开辟新市场。或许这些公司通过整合愿景、规模以及经营理念，最后意想不到地跻身前列。他们似乎被“逆墨菲定律”① 控制，任何可能成功的事终将成功。然而这类公司的成功不可能只是天意。品质投资就是一种方法，帮助投资者准确找到使公司欣欣向荣或每况愈下的具体特征、资质和模式。

我们认为，**以下三种特质是品质投资的表现：强力且可预测的现金增值（Cash Generation）、可持续的高资本收益（Returns on Capital）以及颇具吸引力的增长机会。**上述几点特质，单独看每项都非常有吸引力，而三者相结合起来，就会异常强大。

现在，我举一个简单例子来阐明它的影响力。假设某家公司每年产生 1 亿美元的自由现金流（Free Cash Flow），投资回报率（Return on Invested Capital）是 20%，并且该公司有足够的机会再次将所有现金用于有同等回报率的投资。如此维系 10 年，现金增值循环和再投资就会带来不止 6 倍的自由现金流。阿尔伯特 · 爱因斯坦（Albert Einstein）把复利称为世界第八大奇迹，而现金流的复息增长同样堪称奇迹。

公司的增长和价值创造的关键环节就是增量资本（Return on Incremental Capital）的回报。因为股票价格长期来看都会随着利润浮动，因此只要公司以高回报率投入更多资本以引导更高额度的收入增长，那么该公司就拥有更高的投资价值。沃伦 · 巴菲特的总结极其恰当：**“抛开价格问题，打造高品质企业的秘诀就是要在很长一段时间内，能以很高的回**

① Yhprum's Law，即任何有效的东西，都会奏效。——译者注

报率使用大量增量资本。”[4] 好的投资是结合了高增长及高资本回报。

在大量的筛检工具帮助下，识别能够产生高资本回报率或者向来保持着高增长纪录的公司相对容易。更具挑战性的分析工作是：评估能够产生及维持强势财务绩效的几个特征。最重要的是，公司所属的行业结构对其作为品质投资的潜力至关重要。在供过于求、通货紧缩的行业里，即便是经营得最好的公司也未必值得考虑。最重要的是，某些自下而上的公司特定因素必须得到理解。这些因素与吸引人的行业结构相结合，可以使公司实现可持续的运营绩效以及有吸引力的长期收入增长。

事实上，上市公司的股东与同行业的私营业主有诸多相似之处。企业创造的任何价值，无论上市与否，都取决于其调配增量资本的速度。不论公司是否有每日报价，现金流和增长的可预测性同样重要，其分析方法也面临相同的风险。

理论表明，高品质公司的卓越品质直接通过股票价格反映，但它并不会提供任何投资优势。虽然这些公司为股票支付溢价，但这些溢价通常是远远不足够的。高品质公司的估值溢价（Valuation Premiums）往往表明在一定程度上，预期的运营业绩出色，但实际表现通常超越预期。因此，股票价格通常会低估高品质企业的价值[5]。

哪些企业会给你带来超额收益?

第 1 章，我们从资本的有效配置过程开始阐述，通过追求可持续的高资本回报率，到超额收益增长（Superior Earnings Growth），以确定拥有品质投资潜力的企业特征。此外，我们还会考察有助于为企业提供傲人财务绩效的基石，其中包括有吸引力的产业结构、多个潜在增长源、高价值的客户利益、各种形式的竞争优势以及良好的管理模式。

第 2 章是本书的分析核心部分，它将我们的集体经验凝练成 12 种模式，能够为各行业的高品质公司提供强劲的财务业绩。这部分将不同行业的不同群体联合起来，从较明显的（单位成本最低的生产商）到较复杂的（友好的中间商）企业，其中包括从农业到管道业以及银行业。该模式是产生强大、可预测、可持续的现金流以及提高资本回报率的直接途径。

在第 3 章，我们将探讨具有潜在诱惑的著名案例，例如取决于政府自由裁量的经济特权、由于消费者喜好而改变或容易过时的产品。在这一章中，我们首先讨论周期性问题。经济繁荣时期，某些企业看似比本身更强劲，而高品质企业也能抓住机遇，激昂奋进。

第 4 章，我们将目光转向品质投资策略的执行，概述投资者面临的挑战和失误频发的领域。这些挑战包括：击败大众偏好以应对短期转变，应对重数据分析而轻品质分析的趋势。失误包括宏观经济指标对应该“自下而上”的商业分析的影响。同时，我们也发现了一些能够帮助投资者在投资过程中减少失误的工具。

本书包含了 20 多个案例研究，大部分案例涉及高品质公司，也谈到了赋予企业优势的经济特征和商业模式。同时，我们也会列举反面案例——那些曾被视为高品质的企业，但其之后的发展证明我们的推断是错误的。书中的案例提到象征具有吸引力特质的全球最著名商业巨头——帝亚吉欧（Diageo）、爱马仕（Hermès）、欧莱雅（L’Oréal）和联合利华（Unilever）。此外，还列举了细分领域领先但知名度不高的企业：含电梯、锁具、卫浴等制造与服务全球龙头，服务农业、医药、酸奶等领域的化工企业，另有折扣航空公司、服装零售商、两家眼镜制造经销商、一家信用调查巨头及一家银行。反面案例涉及诺基亚、乐购等知名品牌，以及牙科植入物制造商、医疗设备公司、油田服务供应商。

本书记录了多年来我们研究品质投资的历程。这一路走来，我们收获颇丰，很高兴与你分享经验。

第 1 章

识别品质企业的基本要素

H&M 的销售增长率略高于 1%，每股收益却翻升 1 倍；联合利华深挖“品牌护城河”，竞争对手即使手握重金，也只能望“河”却步；尽管消费者无法对比两种面霜的效果，但兰蔻的售价是妮维雅的 5 倍，它究竟如何“将消费者对美的渴望转变为定价权”？

在过去 20 年里，法国化妆品巨头欧莱雅公司的有机销售增长率（Organic Sales Growth Rate）非常稳定，除 2009 年战略性收缩外，其余年份均超过 6%。此外，欧莱雅公司的税后资本收益率（Post-tax Return on Capital Rate）也保持着强劲势头，同期资本收益率从 15% 逐渐攀升至 16% ~ 19%。在现金周转（Cash Conversion）方面，它也始终保持着良好记录。

尽管欧莱雅的有机增长率（Organic Growth Rates）并未使其成为一只“成长股”，但在以上财务特征的综合助力之下，它在长期内取得了非凡的成果。在过去 20 年里，欧莱雅的复合增长率约为 11%，股价增长则超过 1000%，几乎是市场总体表现的 5 倍。

像恒星一样稳定的股东回报（Shareholder Returns）在很大程度上反映了欧莱雅持续现金增值和高效资金分配的良性循环。欧莱雅在产品研发和营销推广两方面投入重金，并收购了一系列新品牌，其回报率相当可观。过剩资本被用来支付持续增长的股息，并通过回购，减少了超过 10% 的流通股。

欧莱雅的案例有力地表明，**对支柱性的产业结构、愿意为增长投入的管理团队、差异化产品供应以及独特的竞争优势等因素进行组合，必**

将获得效益。这些因素能够帮助企业获得长期财务成功，进而充分利用一系列诱人的增长机会。换言之，这些就是一家高品质公司必须具备的基础要素。无论实现还是维持这种我们寻求的财务特征，以上因素都至关重要。

本章将依次探讨所有重要的财务要素或非财务基础要素。我们首先从资本收益和增长开始，随后讨论管理团队如何左右一家企业的前景。最后，我们将深入研究不同的产业结构、客户利益和竞争优势将如何影响公司的品质评估。

“4+1”条资本配置途径

公司配置资本的途径主要有四种：以增长为目的的资本支出；营销推广或研发；企业兼并与收购；通过股息或回购股票形式分配给股东。我们将依次探讨这几种途径，并简明阐释营运资本（Working Capital），即一种被低估的资本分配方式。对公司的所有决策而言，这些资本配置决策都是最关键的，因为这一过程决定了公司是否在创造价值。

以增长为目的的资本支出

把所有内部投资称作增长资本支出（Capital Expenditures），是公司的标志性特征，但以维持运营为目的的资本支出和以增长或扩张为目的的资本支出存在巨大区别。按字面意思便可知，以维持运营为目的的资本支出只是帮助公司维持现状。这种形式的资本支出等同于日常运营开支，相对可以预测。以增长为目的的资本支出则是为了使企业产生有机增长而进行的资本配置。比如，为了增加产能新建厂房或为了休闲、零售概念而投资的新店铺。

今天 H&M 在全球已有超过 3500 家店，而在 2005 年，这一数字仅为不到 1200 家。2014 年，该公司平均每天就会在全球新开设 1 家分店。在这一时期，尽管其同比销售增长率并不优秀（在过去 10 年中仅略高于 1%），但 H&M 在新店铺投资上的丰厚回报，即便在进行租金调整后，也足以使它的每股收益（Per-share Earnings）翻倍。这种资本配置的成果令人赞叹不已。以这种方式支撑的增量有机资本支出可以产生高额回报，实现巨大的复合增长。因此，当适合的投资机会出现时，以增长为目的的资本支出是资本运作的首选。

研发和营销，身披“费用外衣”的投资项

联合利华推出的多芬香皂风靡全球，这在很大程度上要归功于该公司过去数十年在品牌建设方面的营销投资。通过提高品牌知名度，联合利华实际上在向消费者意识进行投资。联合利华在消费者的心中建立了一道难以逾越的壁垒，其竞争对手必须花费重金才有可能将其取代并占据消费者的品牌意识。为维持品牌知名度，企业需要持续投入品牌广告，这种行为似乎是以维持为目的的资本支出，但事实上该投入的主要目的是在新生代消费者心中树立品牌意识，所以也可视为以增长为目的的资本支出。

在众多行业中，广告投资是保证企业拥有竞争优势以及未来增长要素的重要跳板。有些广告活动确实有利于当前的销售状况，比如店内展示，而持续广告营销的真正价值在于品牌建设。与新建工厂或购买设备不同，在品牌建设上的花销无法创造可以进行定量评估或折旧的有形资产。从财务观点分析，这是一种类似租金或税费的支出。然而，与其他成本项目不同，广告投资可以创造持续性价值。

因此，尽管广告成本总是列在财务报表的费用一栏，但我们最好将

其视为一种投资。这种重新分类合情合理，因为相比大多数成本费用，广告投资是一项更为灵活的支出。在经济萧条时期，企业可以迅速缩减广告投资，以保障现金流的灵活性。然而，无论是彻底中断广告投资，还是在相当长一段时间内暂停广告投资，都将会侵蚀长期价值。

研发成本的状况与广告成本相似。现今会计规则允许企业将某些研发支出视为长期资产，但在此我们要聚焦于其二重性：有些研发成本可视为维持业务的必要支出，但就绝大部分成本而言，最好将其归为可以促进未来增长的投资。

衡量研发和广告投入的回报并非易事。尤其是研发，在许多行业中，其回报要经过许多年才会显现。将这些支出适当资本化只是一个开始，但一家公司的长期历史记录显示该公司研发是有回报的，这往往是最佳研发效益指标。

兼并与收购的成功密码

收购可谓价值毁灭的共振源，在通常情况下，企业最好将资本部署到有机增长中，而非并购。即便如此，在少数情况下，并购依然能够为股东创造价值。为整合集中度较低的行业，通过收购取得资本增长是不二法门。业内通常将这种行为称作整合型并购（Roll-ups），它并不总是取得成功[6]，但历史上依然存在一些卓越的案例。

法国的依视路公司（Essilor）是眼镜片制造行业的全球领导者，长期集中进行小型补强并购（Small Bolt-on Acquisitions）。尽管每一次并购规模几乎微不足道，但这些并购经验不断累积，在过去 10 年为依视路公司带来了每年超过 3% 的销售增长率。这些收购大多是针对地方性光学实验室，这令依视路公司获得了当地的客户群，并得以更有效地控制价值链。在并购前期，依视路或许只占某实验室镜片销售额的 40%，但并购之后，该数字将翻倍。考虑到特定专营市场以及交易规模，该收购市场存在着竞争不足的情况，这种情况使依视路公司可以利用相当有利的条件并购公司（如 6 ～ 7 次资金流转）。这种系统化改善收购公司运营的能力十分罕见，却能够创造出非同一般的价值。

另外一种能够带来较高收益的策略是收购已经成熟的企业。2007 年，眼镜市场的一次收购就是较好的范例。陆逊梯卡公司（Luxottica）生产多种产品，其中包括运动眼镜。该公司收购了奥克利公司（Oakley）——专注运动眼镜市场的著名品牌。尽管在很大程度上，奥克利公司依然自主运营，但陆逊梯卡公司增加了奥克利公司的销售渠道。同时，通过此次收购，陆逊梯卡公司也对其他优质时尚产品进行了跨界品牌合作，其中包括与女性服装品牌合作。

粗略估计，被陆逊梯卡公司收购后，奥克利公司的年销售增长率提升了 10%，是同期市场增长率的两倍，同时利润也出现了巨幅增长。在此期间，奥克利巩固了作为太阳镜标志性品牌的地位，提高了品牌曝光度，并帮助陆逊梯卡巩固了其在眼镜行业的领导地位。基于过度的乐观以及定义模糊的协同效应将企业兼并合理化让我们产生怀疑。[7] 尽管如此，但某些子行业中确实存在两家优秀公司合二为一，为彼此提供互惠机会的案例。

利用网络效益，如更大、更全面的销售网络，是成功收购的另外一个特点。英国的消费品公司帝亚吉欧旗下拥有一系列世界著名的酒类产品，堪称这一领域的卓越代表。通常，帝亚吉欧的收购不仅为自己带来了好处，也使不被大众知晓的品牌跻身世界知名品牌的行列，如萨凯帕朗姆酒（Zacapa Rum）就出现在帝亚吉欧的珍选洋酒品牌中。此外，该公司还会把现有品牌推入新市场。最近，它收购的土耳其酒类品牌 Mey Icki 和巴西酒类品牌 Ypióca 已销到其他地区。更重要的是，帝亚吉欧的上述品牌在两个国家的销量都取得了增长。

亚萨合莱：以并购为增长方式

亚萨合莱公司（ASSA ABLOY）是全球最大的智能锁和安防解决方案供应商，亚萨合莱公司整合了大量具有悠久历史的知名品牌。其中有集宝公司（Chubb），它是全球著名的安保系统生产商，于 1818 年成立于英国伍尔弗汉普顿（Wolverhampton），为许多知名客户服务，包括威灵顿公爵（Duke of Wellington）、英格兰银行（Bank of England），承包了英国邮政总局（General Post Office）全国皇家邮箱的防盗锁安装。1881 年成立于瑞典埃斯基尔斯蒂纳（Eskilstuna）的 ASSA 和 1907 年于芬兰赫尔辛基（Helsinki）成立的 ABLOY 强强联合，于 1994 年成立了亚萨合莱。从此，并购成为亚萨合莱持续增长的关键一环。

20 世纪 90 年代晚期至 21 世纪早期，亚萨合莱在合并分割市场时是一鸣惊人的交易者。自 2006 年始，在 CEO 约翰 · 莫林（Johan Molin）的领导下，亚萨合莱共进行了 120 次收购，首要目的是扩大市场的地域分布，其次是加强技术优势。在此期间，该公司每年收益增长 8%，迄今为止，亚萨合莱近 50% 的总收入来自约翰 · 莫林收购的公司。进行收购时，目标公司的营业毛利（Operating Margins）通常极低，最高不超过 5 个百分点。整合之后，这些公司的毛利立即增长。在其他条件保持不变的情况下，收购本会稀释亚萨合莱 2006 年 15% 的营业毛利，但多亏明智的战略以及对合并效应的利用，亚萨合莱公司 2014 年的营业毛利反而提升到 16%。

现在我们以其规模最大的一次收购作为例子。2002 年，亚萨合莱收购了必盛公司（Besam）——自动门系统的全球领导品牌。在那之前，亚萨合莱在自动门市场的实力并不强劲，但随后它继续将必盛打造成了被称作“入口系统”的基石，显然这一称谓着眼于更广阔的行业领域。现在，必盛的销量已占整个集团销量的四分之一。与其标志性的连锁收购大致相符，此次运作使亚萨合莱的销售额增长了 1.5 倍。从此，必盛的营业毛利出现了实质性攀升，产生了高额的收入增长，并在此次收购中得到了可观的回报。

然而，亚萨合莱的大部分收购都是简单、小型的补强型收购，这就是为什么尽管这种商业增长方式蕴藏风险，但亚萨合莱的整合型并购仍然可以取得成效的原因。亚萨合莱成功的另外一个因素是它更倾向于收购私营企业，而非上市公司。收购私营公司可以为亚萨合莱提供专业化的生产效率和流程，其中某些收购标的只以 50% 的产能运营。

亚萨合莱的分权化结构缓和了一体化的弊端，令多重交易可以同时协调，而新收购的公司可被直接用于集团庞大的销售网络、专业技术和发明。为保持利润增长，亚萨合莱多次优化生产结构及流程，从传统的元件制造商转向了低成本外包以及自动装配企业。这种驱动力从亚萨合莱的运营演变可见一斑：自 2006 年始，亚萨合莱关闭了 71 家工厂和 39 间办公室，同时将另外 84 家工厂变成了装配厂。

经验增加价值。亚萨合莱公司在几十年的时间里进行了数百次收购，形成了一系列的知识和智慧。亚萨合莱规避合并过程与支出的能力，提升了企业的可预期性与预期回报的可靠性。尽管将大部分公司资本配置到收购中可能导致价值毁灭，但亚萨合莱公司证明，执行得当收购也能为公司带来繁荣：过去 10 年，亚萨合莱公司的股价翻了 6 倍。通过收购获得增长的基本原理保持不变：尽管规模是同行业第二大制造商的两倍，亚萨合莱公司在全球市场的份额仅略高于 10%。

抛开潜在利润不谈，收购本身也充满了风险，前述所有原理并非绝对安全的保障。有相当多的证据表明，收购通常会降低股东权益，而非增加。优秀的企业，包括我们投资的一些企业，也有磕绊。管理层并不总会向投资人提供足够的信息来彻底、客观地评估收购的可能性。他们理所当然地会呈现最好的一面。潜在的收购一般极易令管理层兴奋并点燃其乐观主义的精神，因此在评估时需加倍谨慎。

错误的收购总是会出现诸如多元化、规模和速度方面的危险信号。我们特别担心企业扩张到新领域时的收购：**管理层相对缺乏专业知识、业务对接不当，而这往往要付出高额代价。**彼得·林奇的话非常有道理：过于多元化实际上等同于高危多元化。[8] 我们反对“盲目地衡量规模”，当管理层的分红与企业规模，如绝对收益或利润增长挂钩时，尤其要提防这一点。

如果企业在一段相对短的时间内完成了多项大型收购，我们对此更加谨慎。我们通常都会探讨，这种交易是否会引发企业对基础业务退化的反应。

派发股息与低价回购

在企业无须对业务进行投资且无其他投资机会时，剩余现金（Excess Cash）应通过股息或股票回购的形式分配给股东。

在资本配置这一项中，管理层具有相当宽松的自由裁量权，因此我们非常欣赏那些能够在信息披露中清楚阐释回购和股息政策的公司。通常在经济扩张时期，股价飙涨得很高，企业会过度回购；在经济低迷时期，股价被压得很低，企业的回购量不足。这两种行为都导致削减价值，而非增加价值。在前一种行为中，企业放弃的比得到的更多；在后一种行为中，企业会剥夺股东宝贵的现金。

例如，2008 ~ 2009 年金融危机期间，几乎所有企业都减少了股票回购活动，同时维持股息水平不变。尽管回购股票是一种更加安全、高价值的资本配置途径，管理层仍倾向于积累资本，而非将其用于回购，因为业内人士都在这样做。这种不明智的回购模式在所有经济环境中都可能发生，而不仅在金融困顿的市场。

对 1984 ~ 2010 年美国股市的研究发现，“随着时间的推移，实际回购股票的投资与假设能够顺利回购美元国债的投资相比，其表现每年平均大约低两个百分点”。[9] 我们很钦佩能够持续地回购股票的企业，但通常，它们仅在股价不利的情况下才会进行回购。

营运资本，更关键的途径

营运资本指为产生收益而短期部署的资源，其中包括存货一类的短期资产以及短期负债之类的应付款项。在存货和应收款项最终变现之前，始终属于生产和销售流程的一部分。企业一般都有一些收支相抵的款项，尽管供应商都倾向于增加账面余额，但大多数公司都拥有正向的净营运资本。

在某些欧洲公司中，营运资本约占销售额的 16%。[10] 一家公司的总营运资本负债通常能够表明与其他利益相关者的谈判能力。地位越高的企业，就享受越多具有吸引力的运营资本组合。

对成长型企业而言，营运资本的附带成本将不断攀升。公司增长意味着将出现更多库存或应付票据一类的在途资金。如果一家公司将 10% 的增长销售额投入净营运资本，那么原本进到投资者口袋里的现金会少很多。成长型企业用于发展所必需的额外营运资本非常关键，这将减少公司现金流的增长及公司的价值创造。因此，销量增长带来的额外营运成本小的企业通常更具吸引力。

大多数企业都或多或少担负着与持有营运资本相关的成本。那些降低资金支出的公司，要么以低成本进行生产（库存占用的资金会更少），要么存货周转率高且应收款项周转率高，而后者能够缩短生产时间，并压缩收账周期。

在某些罕见而诱人的案例中，营运资本通常是负值。不挪用资本而是留在手中，不当作成本而留作利润，这样的企业大多存在于需要预付资金的产业，如软件和保险业等。

衡量配置效果的三大指标

资本收益率可以衡量一家企业进行资本配置决策的效益，同时也直接体现了该企业的产业定位和竞争优势。

理论上，资本收益应该等于资本的机会成本。如果某产业或公司赚取了经济利润，这通常会带动市场竞争，竞争的压力将导致行业的收益性降低，从而抵消之前的经济利润。因此，在完全竞争市场中，任何企业都不可能赚取经济利润。**想要获取持续的高资本收益，企业必须拥有能够在竞争中脱颖而出的品质，也就是通常我们所说的竞争优势**。定位企业的竞争优势并分析其可持续性，是品质投资过程的关键环节。

品质投资关注的焦点是，一家企业用资本进行高收益投资的能力，即税后资本收益应达到或超过 18%。有三个因素决定了企业投资回报率的高低：资产周转率 (Asset Turns)、边际利润率 (Profit Margins)、资金周转率。

资产周转衡量企业将额外资产变为销售额的效率，而这在很大程度上取决于行业本身的资产密度；边际利润反映额外销售带来的利润；资金周转表明一家企业的营运资本密度及会计政策的保守度。在深入讨论这些概念之前，我们先来简单探讨一下衡量回报的难点在何处。

股本回报率

要衡量回报率最简单也最常用的方法就是看净资产收益率（Return on Equity），也就是看净利润占股东权益的百分比。尽管净资产收益率很实用，但出于两个原因，净资产收益率的数值略显粗糙。第一，很明显，等式的收益一端用了会计计量法。进行会计计量时，管理层在计算诸如折旧和准备金提取等重要数据时享有极大的自由裁量权。第二，净资产收益率也经常会被影响股东权益价值因素的扭曲，如资产减值和债务水平等。后者出现问题的概率极高，因为举债经营的杠杆效应会提高净资产收益率，但无法反映相应的风险。例如，在 2008 年金融危机期间，许多崩溃的金融机构宣称，其净资产收益率之前都是十分有吸引力的。

最后，衡量收益时，我们应忽略资本结构和会计技术，直接计算商业投资中 1 美元的现金收益。衡量投入资本收益（税后营业利润除以投入资本）则略微复杂一些。更好的选择是针对投资资本的现金回报率（Cash Returns on Cash Capital Invested ，简称 CROCCI）的衡量指标，[11] 其计算方法是用税后收入除以会计惯例调整后（如商誉摊销）的投入资本。CROCCI 衡量的是一家企业部署所有资本的税后现金收益。

这些收益衡量方法都是瞬时性的，只能衡量某个时间点的效益，容易受到诸如商业周期或收购时机的扭曲，而内部收益率（Internal Rate of Return，简称 IRR）的计算，如瑞士信贷集团（Credit Suisse）[12] 的投资现金流收益（CFROI）采用的衡量方法则解决了瞬时性问题，同时又增加了复杂性。因此，我们倾向于把 CFROI 和上述其他衡量方法加以联合运用。

无论如何衡量收益，都无法避免一个问题，即未来的资本收益增量或许与历史资本收益不同。虽然投资者倾向于将短期收益增量看作收益的代表值，但这一数字具有误导性。同样的，如今企业获得的收益或许来自于几年前的投资，或者是暂时性商业周期高峰。

历史永远无法取代全面分析，但在本书中，我们将关注那些资本收益始终维持在高水准的公司。尽管相关研究认为，超额收益倾向于随着时间的推移而逐渐消失，但总有一些例外。**那些出类拔萃的公司可以打破均值回归的统计学趋势，在长期投资中维持优厚的资本收益。**[13]

资产周转率

事实上，资产周转是对一家企业资产密度的衡量标准。换言之，它也是维持业务所需的资本总量。低资本密度行业的吸引力在于，为提高销售额，其需要的资本量较少。最好的例子是特许经营公司，如达美乐比萨（Domino’s Pizza），其销售额增长的主要来源是连锁加盟店，而非公司本身。其他的例子则包含软件公司，如欧洲著名软件设计开发公司达索系统（Dassault Systèmes）。

低资本密度企业面临的风险是极易招致竞争。最明显的例子是网络赌博，在欧洲尤其如此。此类公司必须具有额外的竞争优势以降低新进入者带来的风险。达美乐案例中的竞争优势是其品牌声誉，而达索系统案例中的竞争优势则是知识产权。不管怎样，高资本密度的公司也极具吸引力，尤其资本要求可以保证其稳定性并阻止新的竞争者进入市场。

边际利润

一直以来，可口可乐（Coca-Cola）和百事可乐（Pepsi）等碳酸饮料面临着与其他品牌竞争的局面。从商品成本角度考察，所有苏打水的直接成本都一样：水、碳酸化、风味、糖和容器，甚至仓库和运输成本都相差无几。如果品牌和风味等因素无关紧要，那么消费者会直接购买最便宜的产品。然而，虽然的确有些人会那样做，但大多数人愿意为自己最钟爱的品牌支付溢价。

毫无疑问，定价高昂的碳酸饮料生产商拥有更高的毛利率。事实上，消费者将企业的营销和其品牌管理投资也归入了产品价值。这或许就是企业家所说的“点金术”。**毛利率完美地阐述了竞争优势的本质：它是消费者对某种产品价值衡量的最纯粹表现，使卖方能够清晰定位溢价买家，从而将永恒不变的原材料变成成熟的产品并将其打上商标。**

尽管毛利率只是一家公司的部分指标，但高毛利通常意味着低资产密度，持续的高毛利率则意味着该公司拥有持久的竞争优势。关注毛利率，而非净利润，可以帮助我们把竞争优势和管理能力区分开，短期的高成本结构会降低净收入，且掩盖公司的长期竞争优势。反之，高毛利也能带来其他优势：公司可以扩大负债经营的规模，为原材料价格的上升提供驱动力，为研发、广告或促销活动提供更多的灵活性以驱动增长。

新增营业收入转化的净利润越多，营运情况越乐观。假设两家竞争的企业都获得了 1 美元的收益增长，其中一家的成本是 10 美分，另外一家是 80 美分，显然前者的市场价值更高。营业毛利高的公司通常比营业毛利低的公司更加强大。

持续的利润扩张也是强大的信号。营业毛利的大幅摆动暗示了企业的主要成本构成已超出管理层控制，应当引起相关利益人的警觉。始终能够获得较高水平总收益和营业毛利的公司，很可能拥有强大的竞争优势，同时善于成本控制。

占据六大源泉，让销量持续增长

评估一家企业的长期发展前景是商业分析最具挑战的工作之一。分析师花费大量精力来预测企业下个季度或年度增长率，但评估企业长期、潜在的增长速率才是更重要，也是更困难的任务。奉行成长投资策略的信徒始终在孜孜不倦地搜寻那些预测销量即将暴涨的公司（比如年度销量增长超过 15%），但我们关注的却是长期销量增长维持在 7.5% ~ 10% 的公司。

这听上去像是一句废话，但是显而易见，最理想的入股对象是所属终端市场在持续增长而非萎缩的企业。假如缺乏市场增长，竞争者为了攫取或维持其市场份额，将会利用一切手段，包括极具行业破坏性的策略，如价格战和促销。

增长机会将高资本收益中的利润最大化。这种增长机会可能来自于市场本身的增长、周期、结构，甚至从竞争对手手中夺取市场份额，而地理版图的扩张也将发挥一定的作用。最优秀的公司通过精心的产品设计、价格和组合，得到多元化驱动组合带来的增长。

从哪里扩大市场份额？

通过获取市场份额实现利润增长有两个好处。第一，市场份额与市场经济形势无关。无论经济繁荣或萧条，企业都可以实现增长。第二，这是企业在某种程度上的可控因素。有些企业可以通过某种策略维持稳定的市场份额，比如吸引消费者的广告宣传、成功的连锁店（如 H&M），或对分销渠道的持续投资。拥有市场份额稳定增长记录的企业对投资最具吸引力。

分析一家企业如何获取市场份额时，务必要理解其来源。在某些发展趋势波动剧烈的行业中，一家企业的市场份额取决于相对价格策略和产品的创新能力。**在最理想的情况下，如果某家企业的市场份额增长稳定，并且投资者能够识别份额增长来源，那么获取市场份额就是企业发展的最佳途径之一。**然而，随着市场份额的不断增长，投资者若想厘清来源将愈加困难。显然，越容易争取客户的方案，便会被越早应用。同时，随着企业在业内的地位逐渐提升，市场份额的重要性也逐渐减弱：获得 1% 的市场份额将会令持有 1% 市场份额的企业的影响力翻倍，但对于拥有 10% 市场份额的企业而言，这一数字的意义则暗淡许多。在市场领导者眼中，这种增长微不足道。

地理扩张：寻找有成功经验的企业

有时，本土成功的企业会遇到以下瓶颈：在现有市场中，继续使市场份额增长将无比困难。于是，这些企业纷纷将眼光转向其他地区。对一家企业而言，地理版图扩张（Geographic Expansion）是在实行过程中一种最具挑战性的策略。失败的案例比比皆是，甚至有些企业因此而损害了原有的特许经营权（Franchise）。

然而，如果某家企业在一些细分市场取得了成功，那么其复制这种模式进而成功的概率就会提高。联合利华在新兴市场打造特许经销区的历史已有一个世纪之久。该企业的经营模式表明，过去地理版图扩张领域的胜利是未来取得成功的重要指标。

联合利华：地理版图扩张

联合利华最值得称道的是在 190 个国家销售个人护理、家居、食物以及提神饮料等多种品牌的商品。该企业近 60% 的收益都来自新兴市场，并在当地形成了深厚的历史底蕴，这要归功于英国在全球产生的历史影响力。迄今为止，联合利华公司的地理版图扩张仍在继续。

印度是一个极佳的例证。自 1956 年始，联合利华印度子公司印度联合利华（HUL）开始发行少量股票，在印度的证券交易所（India's Stock Exchanges）上市。早在 1888 年，日光香皂就被引进印度市场，在接下来的 20 年中，又有联合利华的几个品牌接连推出。由于联合利华奉行长期持续性的本土化管理模式，大家把这些品牌当成了本土产品。这些品牌极其亲民，相比其他跨国公司的新型产品，其优势不言而喻。

联合利华的长期策略带来了较高的市场份额，并在当地建立了极具优势的分销系统。联合利华直接覆盖了印度超过 300 万家零售店。据称，联合利华三分之二的产品可以跳过批发商，直达零售店，这一点领先了竞争者千里之遥。

此外，为了继续扩大联合利华的分销范围，联合利华公司在 2001 年启动了夏克提计划（Shakti Program），以促进在印度农村的业务。为此，联合利华打造了一支拥有 7 万夏克提女神和 4.8 万夏克提男神的销售网络，以期将产品分销到印度偏远的农村。对印度这种规模的大型市场而言，这是一支不容忽视的销售力量。

拥有如此强大的销售网络为联合利华带来了多方面的提升。除了从发展中地区获得更高的市场份额之外，它还可以快速了解消费者的需求和偏好。

另外，联合利华能够比竞争对手更快、更广地推出新产品，最大化地利用其现有成本结构。联合利华公司在印度市场持续的市场份额增长证明了这一管理模式的成功。

在印度之外，联合利华于 1891 年登陆南非，于 1892 年登陆阿根廷，1908 年登陆泰国，20 世纪 30 年代后加速进入更多国家的市场。1910 年，联合利华的商业触角已经伸到遥远的太平洋地区和西非地区。无论在印度尼西亚周边地区，还是在撒哈拉以南的非洲，联合利华复制了自己在印度市场的地位。甚

> 至在那些通讯网络并不十分发达的市场，联合利华的销售渠道也十分惊人。比如，在印度尼西亚，联合利华的销售网络比印度尼西亚的邮政网络覆盖面还要广泛。

在本国拥有独特商业结构竞争优势的公司，在地理版图扩张时将遇到最大的困难。独特的分销系统、地区规模优势以及有利的政策地位——这些优势很难移植到海外，这也是零售店、医院和航空公司无法完全实现全球化的原因。

有些竞争优势则相对容易移植海外。得益于旅行和媒体信息的全球化，优质品牌进入新市场变得更加简单。路易威登（Louis Vuitton）和耐克（Nike）誉满全球，即便在买不到正品的地区，这些品牌亦人尽皆知。**拥有门店的厂商享有特殊的优势。这种垂直整合（Vertical Integration）可以使其不那么依赖国家的基础设施。**由于地理版图扩张存在一定程度的不确定性，因此我们更偏爱那些在发展的历史中屡次成功进入新市场、拥有扩张竞争优势的公司。

价格 > 结构 > 销量

单纯从财务视角看，收益的增长可分解为价格、产品结构和销量三个方面。忽略通货膨胀因素，能够在维持相对成本及销量不变的情况下提高产品价格，那么便可认定这家企业拥有实质性的定价权（Pricing Power）。定价权非常罕见、极其珍贵，因为它构成了真正的零成本优势：商品价格每增长 1 美元，相应地税前收入将增加 1 美元。当客户对价格不敏感时，定价权才存在。例如，有些品牌的高价被认为是品质或者地位（例如奢侈品）的认可，因而拥有定价权，而存在大量替代商品的公司则没有定价权，如蔬菜等贴着“有机”标签的产品。

更常见的增长源，是价格 / 产品结构的优化。例如，生产精装巧克力的制造商很可能会在标准精装系列中加入高级礼盒，同时提高定价，超出额外的成本。随着总收益增长，净收入也会水涨船高。产品结构驱动的增长价值极高，只会引起有限的资本支出以及适度的营运资本增长。然而产品结构驱动型增长略逊于价格驱动型增长，前者毕竟会带来生产成本的增长。

单纯从财务角度看，基于销量的企业增长价值最低，因为它仅是按当前平均定价，提高产品销量。销量增长带来的收益增长对毛利的影响最小。然而，包括营运资本和资本性支出在内的总成本将不可避免地随着销量的增长而上升。因此，量的增长对两种公司而言非常宝贵，一种是高利润的轻资产公司，另外一种是高营业杠杆的公司，如制药公司和软件公司。

周期性市场：跨越两个波峰的企业

周期性（Cyclicality）是一把双刃剑。在经济繁荣时期，某些公司和产业的盈利将出现大幅增长。不过，不同行业、不同企业的区别很大：石油产业的周期相对较长，农产品周期相对较深，消费品周期则相对较浅。在任何环境中，对处于高峰期的企业而言，其潜在利润增长状况相当乐观；反之，对处于低谷期的企业来说，其潜在利润衰退窘境也极其严峻。

现在，我们考察美国近几年的酒店行业周期。在 2008 年金融危机中经济状况严重衰退后，美国的酒店行业在 2010 年反弹，出现了周期性扩张。

此次扩张一直持续到现在。抛开物价因素，按照标准行业估计，酒店中每个房间的收益已经超过了历史周期扩张的最高峰。主流酒店集团的收入相继出现增长。例如，万豪国际酒店集团（Marriott）2015 年的每股收入比 2009 年高 3 倍。从 2009 年的最低点到 2015 年末的最高点，万豪酒店的股价增长近 6 倍。恰逢周期高峰的投资总能得到丰厚的回报。

然而，周期性增长给分析工作带来了各种难题：在某些不可预测的时间点，上行行业周期可能会因市场供给的增加或需求减少而遭遇滑铁卢，导致企业的收入和股价下跌。有鉴于此，我们主要关注两件事：首先，寻求能够在行业周期中得到实际收益的企业。万豪酒店集团和其他酒店行业的领导者，比如洲际酒店集团（InterContinental Hotels Group）都是绝佳的案例，这些公司通过增加客房数量获取市场份额，并在行业周期的一个又一个巅峰之间得到了实际利润增长。其次，我们要尽全力去理解特定企业所面临的行业周期，使投入资本在增长的同时避开遭遇下行周期的风险。

主宰结构性终端市场

周期性增长指市场间歇性扩张，而结构性增长则指市场以更加稳定的态势扩张，其背后有相对持久、坚固的市场趋势做支撑。然而，呈结构性增长的市场非常少见，大多数市场模式都是周期性或暂时的。许多新兴市场趋势原本被认定为结构性，但事实却证明，它不过是昙花一现的周期性趋势。

尽管如此，**以往的经验表明，一些长期趋势的确比其他趋势更为持久，比如疾病预防、城市化和发达市场的人口老龄化等**。但是我们不能保证地球上每个人都期望拥有一辆汽车，或把部分收入花在啤酒上。

对于以上猜测，我们存在许多认知上的谬误。最著名的例子当属美国高尔夫球行业。表面上分析，该行业的繁荣与不断膨胀的人口、利好的人口统计数据和持续增长的社会财富正相关。但事实上这一结论是错误的。2006 ~ 2013 年，美国人口增长了 6%，尽管如此，打高尔夫球的人却减少了 18%。另一个更加著名的例子则发生在中国。中国的高端消费者原本热爱法国白兰地一类的商品和赌博之类的消遣活动，但这种趋势最近却戛然而止。只有时间能告诉我们，这种趋势的逆转是暂时的或是永久的。

增长的持续性：稳定、高收益的资本结构

过去 50 年的研究结果表明，假设历史性高收入增长态势一直持续下去，后果将不堪设想。20 世纪 60 年代，英国经济学家 I.M.D. 利特尔 (I.M.D. Little) [14] 发现，无论任何企业，之前 5 年的增长率和之后 5 年的增长率没有任何相关性。最近，瑞士信贷集团 HOLT 研究人员发现，尽管销售和资产的增长具有微弱的持续性，但一家企业的收入增长呈现出较大的随机性，与上一年的表现并不相关。[15] 他们认为，特定企业将本年度高收入增长率维持到下一年，其可能性微乎其微。

根据我们目前得出的结论可知，这种论断的准确性有待商榷。难道试图从价值创造公式的企业增长部分中找出一些规律，完全是痴人说梦吗？假如我们以正确的方法达成了某个目标，完全是巧合吗？不，我们并不这样认为，其中必然有一些规律。

预测收入增长趋势是一项具有挑战性的任务。许多强有力的证据表明，预测增长趋势一直以来都是股票分析中的薄弱环节。2009 ~ 2014 年，专业分析师对各种欧洲市场 [斯托克 600 指数（ The Stoxx 600 Index）] 的预测，平均每年高估超过 10%！[16]

抛开这一背景不谈，一小部分市场倾向于产生更持久、更可预测增长趋势的企业，我们可以得到更精准的预测结果。[17] 在瑞士信贷集团的研究中，甚至有少数几家企业，其增长率长期坚挺。能够做到这一点的

企业多是增长率维持在 10% ～ 15%，而非以超高水平运营。

这种现象背后存在着各种各样的原因，其中关键一环与资本收益有关。资本收益的趋势持续性更强，对未来增长额的预测便更加可靠。与高盛集团[18]的研究结论相同，瑞士信贷集团认为，高现金回报率（CFROI）和未来高收入增长之间存在着某种关系。我们认同这一观点并且确信，稳定、高收益的资本概况是更准确地预测收入增长的基础。

我们清楚，在任何类型的预测中，运气都是不容忽略的因素，但不苟同那些认为预测增长纯属随机的理论。我们旗下许多中期收入增长稳定、可预测的投资组合企业支撑着上述观点。有实力的公司有可能击败市场的统计学整体趋势，并获得高额、稳定收益。

高水平管理者，擅长管理股东资本的人

人们总会把公司品质和高水平管理混为一谈，但高品质公司并不必然拥有一支卓越的管理团队。另一方面，高水平管理者确实能够使有实力的公司如虎添翼。尽管对管理学的完整论述并非本书的主要研究对象，但有几个关键因素仍值得一提。首先，优秀的经理是训练有素的股东资本管理人。我们将首先解释这一论断，然后再评估类似韧性、直率等其他优秀管理品质。

训练有素的管理者品性

优秀的经理人在投资有机增长时富有耐心，遵守纪律，具备强大的意志，同时能够抵抗通过“转型”收购的方式达成急速增长的诱惑。而过分自负的管理团队极易沉溺于狂欢式的胡乱并购，这种行为很少能为投资者创造真正的价值。长期思维的另一个标志是审慎地编制资产负

债表，并进行反周期投资。优秀的经理人会将借款额度最小化，并将不景气的经济环境变成有利条件。例如，在上一次经济衰退中，H&M 凭借低廉的店面租金，加速开设连锁店，抢占有利地理位置。同样，2008 年金融危机后，瑞典商业银行（Svenska Handelsbanken of Sweden）在竞争对手被严重削弱之时，加速了在英国扩张分支网络的速度。

独立、长期、韧性

瑞典商业银行的案例也表明，优秀经理人必然拥有独立的思想，能够根据坚定的信仰行动，绝不会受到流行风气或舆论情感影响。瑞典商业银行的举动完全背离了同行业金融机构的惯常做法。它以分散化管理结构而自豪，启用利润分享计划，而非发放银行家奖金，同时阻止自营交易以规避风险。这些措施不仅帮助瑞典商业银行安然渡过了 2008 年金融危机，也使它成为那段时期的主要资本提供者。当然，拥有大股东或家族控股的公司更倾向于独立思考，这能够隔绝来自竞争对手和股票市场的压力。

优秀经理人通常对商业持有长期愿景，并为实现目标而坚韧不移地前行。劳斯莱斯（Rolls-Royce）民用航空部门的历史很好地阐明了这一观点。1987 年私有化之后，劳斯莱斯被迫继续对支持宽体飞机动力瑞达引擎的昂贵开发。20 世纪 90 年代，在两位卓越的 CEO 领导下，劳斯莱斯公司的愿景转变为：首先卖出更多的引擎，然后通过对引擎提供全面保养获得经常性收益。全面保养服务的价格依据引擎的运行时长而定。

尽管有少数关注短期利益股东斥责这项策略消耗了高额成本，但长期股东却由于管理层的长远视野及坚持获得了巨额利益。在劳斯莱斯从制造公司转型为以服务为导向的公司过程中，瑞达引擎与其相关的全面保养服务产生的价值难以估量。

优秀经理人永远不会满足，他们孜孜不倦、充满热情，不断追求进步，同时投入大量精力，识别并消灭潜在威胁。以阿特拉斯·科普柯集团（Atlas Copco）为例。阿特拉斯·科普柯集团是工业压缩机和地下采矿设备行业的全球领导者，业务遍布 180 多个国家，但压缩机业务却受到中国潜在的低成本制造商的威胁。为占取先机，阿特拉斯·科普柯集团在中国展开了低端压缩机业务。这一举动不仅可以获取利润，更是为了直接、准确地了解新兴的中国竞争对手，从而挫败竞争对手。

矗立在聚光灯之外

如果某一家公司的 CEO 被媒体吹捧为商业明星，那么股东应该提防这种类型的公司。在文章《超级明星 CEO》（*Superstar CEOs*）中，经济学家乌尔丽克·马尔门迪尔（Ulrike Malmendier）和杰弗里·塔特（Geoffrey Tate）调查了 CEO 的名气（特别是那些获得各种商业大奖的人）对企业表现的影响。

他们发现，“CEO 在获奖后的表现相比之前的业绩会出现下滑，并且与一组未获奖的 CEO 样本相比，前者会把更多时间花在公开或私人活动中……获奖后，盈余管理发生的概率将会增加”。[19] 因此，我们通常更偏好行事低调的高管。尽管如此，名声有时也会为企业带来利润。瑞安航空是欧洲最大的廉价航空公司，其 CEO 迈克尔·奥利里（Michael O'Leary）偶尔会通过精心策划的举动引起媒体关注，以获得免费广告的机会。

培养人才，享有最高优先权

高水平管理者认为，企业应将人才培养以及部署给予最高优先权，因为这些储备人员将会有助于实现组织的目标。一些企业以培养优秀经理人而著称。例如，在美国，至少 26 位前通用高管之后成了其他大企业的CEO，同时至少有 18 名IBM的高管也取得了同样的成绩。[20]在欧洲，至少四名阿特拉斯·科普柯集团高管后来负责领导其他大型公司，包括瑞典阿法拉伐公司（Alfa Laval）、亚萨合莱集团、蒙特空气处理设备公司（Munters）和瓦锡兰集团（Wärtsilä）。不同企业的人才培养机制差异悬殊。阿特拉斯·科普柯集团的培养方法是，每隔三年就将高管调往其他岗位，使其获得对企业的多层次了解。

坦率沟通的艺术

高水平管理会从内部执行延伸至外部投资者。从投资的角度分析：首先，这意味着与投资者进行高效沟通，确定什么是重要的以及为什么是重要的；其次，这意味着管理者行事坦率、毫无隐瞒，其工作充满职业道德并且正直，而非沉迷于政客式的太极拳；最后，这意味着管理者对已经发生的问题坦率直言，而非满口充斥着经过公关部门精心包装的虚言假语。管理层拥有的这些品质应当体现在一切工作细节中，无论是正式的定期汇报、临时的私下会面，或是常规的业绩报告电话会议。

管理者是重要因素，但并非唯一

尽管高水平管理对高品质公司而言如虎添翼，但一家企业的成败并不必然取决于管理活动。出色的公司业绩未必是优秀管理层努力的结果。在其令人大开眼界的著作《光环效应》（*The Halo Effect*）中，菲尔·罗森茨维格（Phil Rosenzweig）认为，商业化的叙事总是倾向于夸大领导风格和管理实践的影响力。

我们针对公司业绩的思考模式受到了光环效应的极大影响，即倾向于通过整体印象来进行具体评估。

当一家公司处于增长阶段并具有盈利能力，我们倾向于将其归功于非凡的战略决策、有远见的 CEO、积极进取的员工和令人振奋的企业文化；当其业绩萎靡不振，我们很快又会认为公司战略产生问题、CEO 自鸣得意、员工骄傲自满以及公司文化枯燥沉闷。[21]

事实上，公司业绩受到了多重因素的影响，而非被某些孤立的力量左右。尽管表面上高水平管理和高品质公司似乎总是携手并进，评估公司管理质量也非常有必要，但诸如产业结构等其他因素产生的影响更大。我们现在就来探讨这个话题。

产业结构：竞争对手眼中的品质企业

判断一家公司是否有潜力入列品质投资，其产业结构至关重要。竞争者总会想尽办法从自己赚到的超额收益中分一杯羹。评估一家公司的竞争优势是否持久的关键在于了解其面临的竞争对手，并理解行业竞争的方式。或许更关键的是，随着时间的推移，甚至在竞争的形势下，某些产业能够使业内所有公司都得到可持续的高回报。在整个产业和市场结构突破了经济学理论中某些常见的约束条件时，这种情况就会出现。最好的例子莫过于微型垄断（Mini-monopolies）和局部垄断（Partial Monopolies），正如我们在本章开头所述。之后我们会探讨能够影响行业结构吸引力的其他几个因素，如准入壁垒（Barriers to Entry）。

微型垄断，建立在消费者头脑里

从经济吸引力角度分析，不受约束的垄断者几乎是企业界的至高存在。一旦取得垄断地位，企业的利润和收益将变得十分强劲。提到垄断，人们首先想起庞大的市场格局。如 20 世纪末操作系统行业的微软公司以及 19 世纪末能源行业的标准石油公司。真正的垄断者一般规模庞大、世所罕见。如果只关注这些垄断企业，那么我们能拿来讨论的所剩不多，而且在《反垄断法》遍布全球的形势下，需要承受极高的监管风险。

所以，我们倾向于分析规模更小的微型垄断者。微型垄断者垄断了某个时期消费者实际上拥有的选择权，而不是理论上拥有的选择。他们的产品能够为高价值消费者提供其他竞争者无法带来的效用。他们更多的是存在于消费者的头脑中，而不是经济模型里。也就是说，他们的业内地位或许不那样明显，但其财务特征十分引人注目。

以烟草行业为例。从伦理道德角度看，我们不应该投资烟草行业，但这一行业更能凸显出微型垄断的特征。烟草是一个垄断行业，很少人会争辩：该行业的集中度或许很高，但依然竞争激烈。对于老烟枪而言，他们最钟爱的品牌占据着他们心目中的特殊地位。几乎每个吸烟者都会对他们的第一选择情有独钟。

如果碰巧某商店不销售这个品牌，那么他很可能会选择找另外一家烟草店，而非选择买其他品牌的香烟，此时，价格因素几乎无法发挥任何影响力。[22] 因为拥有一群忠实的客户，垄断因此产生。事实上，烟草公司面临的最主要的竞争是如何吸引新的消费者。微型垄断的极端价值，是烟草企业在全球政府广泛控烟的情况下，仍然能够大发横财的主要原因之一。

市场上还存在其他微型垄断者的例子，但并不像烟草公司那样极端。如果某设备需要维修，该设备的制造商通常就是备用配件的垄断者。这就是原厂配件如此昂贵的原因。相比其成本，软件更新与维护合同就成为典型的高价垄断。**如果某公司的产品能够产生独特的消费者效益，那么它就会产生某种微型垄断。其垄断程度是消费者忠诚度的一个函数，**

在烟民的案例中二者的联系尤为紧密，在其他市场则各不相同。某企业垄断力量的大小，在现存消费者之间也各不相同。因为忠诚度相当于历史遗产，而吸引新的消费者需要持久的大额投资。最终，任何特定企业都能在其自身产品线中享受微型垄断的权利。这些企业值得进一步分析，因为其中有很多价值被低估的璞玉。

局部垄断，喜力啤酒强压“地头蛇”

当市场只存在局部竞争，而非整体竞争时，它就是一个不充分竞争的市场。不充分竞争最常见的外在形式就是本地霸主企业。某企业在某些地区享有统治地位，但无法进入其他地区。因此，区分国家评估市场份额比评估全球市场份额更为科学。以啤酒行业为例。美洲饮料公司（Ambev' s Stellar）在巴西的息税折旧摊销前利润（Earnings Before Interest, Taxes, Depreciation and Amortization，简称 EBITDA）高得惊人，竟然超过 50%。这一数字表明，该公司在当地市场并未遭遇敌手，[23] 而这得益于当地极高的行业准入壁垒。喜力啤酒（Heineken）则不同，该品牌在西欧众多国家处于领先地位，而在每个地区都至少面临一个强力竞争者。因此，喜力啤酒的利润率远低于美洲饮料公司。

不充分竞争的另外一种形式则与品牌转换成本相关。一名消费者购买一款产品，比如剃须刀或软件，顾客在采购附加产品时，赋予了生产者近乎垄断的地位，如替换刀头和软件更新服务。对于某些企业而言，局部垄断的经济利益极具吸引力，后期产品价值远高于前期产品价值。

吸引力的范围取决于前期产品销售的竞争情况。如果前期市场高度竞争，那么后期的垄断利润将主要用来补贴前期销售。如手机服务供应商，激烈的前期竞争促使其不惜免费赠送手机给消费者，进而造成了 100% 的客户购置成本。这与压缩机市场完全不同，压缩机市场领导者阿特拉斯·科普柯公司不仅凭借优质售后服务赚取高利润，最初阶段的产品销售环节也获得了可观的利润。无论终端市场周期如何，阿特拉斯·科普柯通过整合服务收入和前期销售收入，多年来始终维持着高资本收益和强劲的营运利润。我们将按照不同的结果评估各局部垄断企业，并分析某产业为什么可能沿着手机模式发展或沿着压缩机模式发展。

寡头垄断，联手绞杀小竞争者

产业经济学入门课程告诉我们，市场竞争越弱，对生产者越有利。在某种程度上，这是一个真命题：从统计学角度分析，产业集中度越高，利润越高。然而宽泛的平均值掩盖了一个事实：许多产业游离在平均值之外，多个竞争者并存并不总是导致利润骤减。我们认为，产业集中度究竟带来了好结果或者坏结果，其决定因素实际上视情况而定。[24]

首先考察世界上最著名的双头垄断（Duopoly）企业：软饮业的可口可乐公司和百事可乐公司以及飞机制造业的空中客车（Airbus）和波音公司（Boeing）。上述企业的商业性质差异巨大。可口可乐和百事可乐销售高度品牌化的快消品，空中客车和波音公司则是研发周期漫长的高科技设备。它们的市场份额状况也相去甚远。可口可乐明显高过百事可乐，而波音公司和空中客车几乎平分市场份额。飞机的定价是不透明的，而软饮的定价几乎众人皆知。虽然产品说明书上没有明示，但软饮制造商的利润率远高于飞机制造商。

在判断这两个行业的相对吸引力之前，我们需要研究消费者的身份以及产品销售方式。与软饮业不同，飞机制造业的工业客户相当集中，每达成一个销售订单，都要经过艰辛的谈判。这造成定价压力，并最终影响行业利润。在任何行业，我们都要评估微观层面的竞争是否和宏观层面的表现一致。有时，表面上的竞争市场由许多小型垄断者割据而成，在这种产业结构下，所有参与者都将获得高额利润。

注意双头垄断和寡头垄断的区别。如果某企业只有一个竞争对手，那么显而易见它会很快成为对方的攻击目标。当然，前者也会想尽办法打击对手。举一个简单的例子：空中客车和波音公司的激烈竞争使飞机制造业相对不景气。

如果再加入几名竞争者，市场就会变成寡头垄断，并且市场参与者各怀鬼胎。一口气打压多个竞争对手几乎无法实现，因此寡头市场的企业通常喜欢打击弱小企业，而不去碰触强大的对手。这种情况在助听器市场延续多年，最后的结果是，两家占据统治地位的制造商——瑞士峰力集团（Sonova）和丹麦 W.D.H 集团（William Demant），一直在攫取弱小竞争中的市场份额。

一般而言，寡头垄断优于各自为战的激烈竞争。此外，我们要寻找这种寡头垄断者，其产业结构在长时间内相对稳固，并且不易变动。最后，我们选择垄断市场的领先者，特别是拥有诸如研发和营销等竞争优势的企业，而上述优势又可通过市场领先地位得到巩固。

持续涌入新竞争者

某些行业或产品极易遭到竞争的威胁。**如果某个行业经常涌现大量新的参与者，请小心，这表明其行业准入壁垒非常低。然而，进入准入壁垒低的行业，其成功的门槛也很高，例如餐饮业。**

然而，通常而言，不断涌现的新型参与者会毁掉行业的行情。根据大数定律，在出现的新入行者中，最终会诞生一个成功并且具有颠覆性的强者。在高创新率的行业（如医疗与科技）中，这是一种普遍现象。最终结果为：大型企业必须花费大量资金收购创业公司，以保住本身的竞争优势。

如果某行业只有很少的新型参与者甚至没有，这通常是好的征兆。这表明该行业的准入壁垒较高，市场竞争更加理性。行业中存在许多拥有历史的企业是我们所乐于见到的，因为这种现象表明，在该行业领域中，企业能够长期存活。

在某些罕见案例中，传统行业的大企业仍然为创始家族所有。这种情况是较好的迹象，说明该行业不仅持久，而且能通过存留收益产生有机增长，而不是通过发行冲淡每股收益的新股票。全球糖果行业就是很好的例子。

在全球六大糖果公司中，有两家为私人所有 [玛氏公司（Mars）和费列罗公司（Ferrero）]、两家由创始家族或基金控股 [瑞士莲公司（Lindt）和好时公司（Hershey）]，还有两家是大型集团的分部 [雀巢（Nestlé）和亿滋（Mondelēz）]。

非理性竞争，打折是会上瘾的

如何理解某一特定行业崩溃的潜在后果是评估该行业吸引力的重要一环。在许多行业中，都会偶尔爆发小规模的价格战和市场份额争夺战。我们会评估这些小规模冲突最终将演变为毁掉行业利润的全面战争还是以和平方式结束。既然在任何行业中，显露出破坏性的企业都将带来不可避免的风险，那么我们更倾向于那些能够迅速恢复稳定和理性的行业领域内的企业。

优秀行业的特质就是业内企业能够进行长期规划。如果某行业的技术、需求与参与者都保持不变，那么企业牺牲长期利益、换取短期收益增长的动机就会被削弱；如果该行业的巨头企业为家族所有，那么这种效应就愈加强大。

CEO 对企业发展仅有 3 ~ 5 年的视野与规划，但家族对企业的长远规划则横跨数代人。由于家族企业的非理性爆发在所难免，家族管理者便更懂得自我约束。在第 2 章论述企业文化时，我们将详细探讨家族企业的优点。

如果行业扩张带来的好处具有滞后性，理性机制也能发挥作用。以局部垄断为例，前期销售将产生长期垄断利润流。如果今天价格战的成本需要未来数年的垄断利润才能弥补，那么竞争对手这样做的动机就很小。同样，如果企业能够以针锋相对的策略回击竞争对手，形势便对市场非常有利。这就是大多数日用品行业价格战都有限而富有理性的原因之一。

如果企业对成功的评判标准就是获得某一规模的市场份额，那么这对市场的破坏将是持久而严峻的。在企业规模对企业成功至关重要的行业中尤其如此。当该行业中的企业将“失去市场份额”视作关乎企业存亡的风险时，具有侵略性的定价策略似乎变得合理，尽管这一策略的施行将对整个行业的经济造成破坏。

当消费者迅速拥抱降价产品后，价格战将进入白热化阶段。价格战的影响要经过许多年才会消退。低定价规则的危险之处在于，它改变了消费者的行为或预期。对名牌产品而言，折扣是最常见的降价形式。

折扣在短期内非常吸引人，它会促进销量，帮助企业达到盈利目标，甚至能够扩大市场份额。然而折扣策略具有可怕的成瘾性。该策略成功一次后，企业就会再次尝试。竞争对手则会跟样，以保护自己的市场份额。最终消费者会对整个行业产生“永远打折”的期望。这种情况一旦发生，该行业将万劫不复。

这种行为侵蚀了洗衣粉行业的利润。而亲自教会消费者进行大批量购买的可口可乐也因此在北美地区的利润率上苦苦挣扎。**我们欣赏那些避免出台折扣策略的企业，这是拥有长期视野的迹象，即避免冒着损失长期利益的风险去寻求短时间内的繁荣。**以路易威登旗下的酩悦香槟

(Mo.t & Chandon）为例，在 2008 年金融危机时期市场需求骤降的情况下，也并未采取打折策略。路易威登选择增加库存，待全球经济状况好转之后以全价一售而光。

“份额贡献者”的优势

在研究市场参与者时，我们会观察其中是否存在实力孱弱的成员，并将其称为“份额贡献者”。这些企业总是通过不断割让市场份额与利润惠及竞争对手。**在大多数行业的潮涨潮落中，我们偶然发现了份额贡献者的规律。其最常见的特点首先是无能的管理，其次是混乱的产品组合。**然而，这两个缺点都可以在短时间内得到修正，因此我们并未计划将其归为行业领导者的长期份额来源。

真正的长期份额贡献者挣扎在企业结构性问题中。在许多大型企业中，受到忽略的部门会割让市场份额。通常，这些部门缺少资源，管理层较为平庸。其中，最好的例子当属西门子助听器公司（Siemens' Hearing Aid Business，现在它已落入私人股权手中）。[25] 还有一种份额贡献者就是无法扩大规模变成行业整合者，或者是进行全球化的小企业。然而，它们并不全都情愿放弃市场份额。无论油漆行业还是啤酒行业，许多企业都进行了全球合并，但在德国，由于顽强的家族运营等规模企业的存在，其市场依然四分五裂，并且竞争激烈。

另外一种份额贡献者则是成本结构和管理缺陷根深蒂固、缺乏适应能力的企业。这种例子在航空业最为常见。历史悠久的老航空公司被以往的成本、老化的飞机和中心辐射型商业模式所拖累，完全无法与提供点对点式廉价旅程的新航空公司竞争。我们应当清楚，竞争对手中存在大量的份额贡献者并不会造就一家伟大企业，但这种优势仍然值得分析，并且能够提高可善加利用此优势的高品质公司价值。

为评估某特定行业的未来稳定性，我们总会回顾其历史。行业动态多年未发生实质性改变和竞争相对理性的行业更倾向于保持原态。此外，我们还会对竞争者的措辞进行分析。如果各企业在提及竞争者时彬彬有礼，那么这也从侧面反映了该行业的竞争状况。相反，如果语言激烈、充满侵略性，那么在竞争中出现行业破坏性行为的风险将大大提升。

低调即安全

事实上，在商界，能够躲在掠食者的视线范围之外是一项优势。锁、透镜、造瘘术器械[26]和浴室设备在日常生活中必不可少，但只占据了少量企业专营市场。这些企业部门相对较小，不会出现疯狂增长，也不会出现颠覆性的科技革命。我们相信，这种相对的低调可以使行业免受竞争性毁灭之灾。

金融资本和知识资本总是流向那些可以改变世界、有潜力迅速获取巨额财富的行业。因此，再生能源、智能机器、电动车和疾病防御等领域获得了与其规模不成比例的关注度。你几乎很少看到大量资本被用于改进造瘘袋或攫取卫生间设备市场的份额。扎根专营市场本身无法造就伟大企业，但至少可以作为一项优势。低调的行业即便拥有极具吸引力的经济特征，也倾向于面临低竞争风险，这使其行业结构更加稳固耐久。

可以创造超额经济利润的四种效益

高品质公司的产品能够为消费者带来可观效益。理解这些效益的相对价值是商业分析的重要环节。在本节中，我们将探讨几种能够使某产品或服务产生超额经济利润的效益。它们分别是无形效益、担保效益和便利效益。简单介绍之后，我们将集中研究不同消费者对上述效益的反应。

无形效益：美和口味都可以是利润

如果某产品为消费者带来的效益难以衡量，那么这种效益便可称为无形效益。人们对某种饮料的偏爱主要因为他们喜欢这种口味。同样，人们购买高端手提包也不是为了实用，而是因为这款商品投射出了自己的地位。类似口味和显示地位一类的因素很难客观衡量，但确实能够带来某种无形的消费者效益。在基于无形效益的商品购买行为中，价格总是第二位的衡量因素。

消费者无形效益在小型商品或满足特定嗜好的商品中最为流行。回忆一下，你在情人节给另一半买巧克力时的决策过程。价格很可能并非主要的决定因素。如果价格贵一些，那么有形、理性的效益将会产生更大的影响。这就解释了为何人们在购买喜欢的糖果时忽略了价格因素，但在买车时却会在网上花很长时间进行比较研究。

物品越私人化，无形效益对消费者而言便越重要。吃进嘴里或涂抹在皮肤上的产品，其无形效益超过放在桌面上或插到机器里的产品。因此，人们在买喜欢的牙刷时，并不会像买洗碗机那样对价格和品牌斟酌再三。这解释了许多消费品公司（包括食品行业以及化妆品行业）拥有强大生命力并经久不衰的原因。

欧莱雅：美的无形资产

爱美之心人皆有之。如埃及、中国、印度、日本、希腊和罗马等形形色色的古老文明国度中，人们都会使用精油、矿物粉末和自然燃料来掩藏体味皮肤瑕疵或染发。为满足这种与生俱来的需求为目标的化妆品行业，每年产生的收益近 2500 亿美元。露华浓公司（Revlon）创始人查尔斯·雷夫森（Charles Revson）曾说过，他们贩卖的是“装在瓶子里的希望”，其商品包括许多高价产品，如 2000 美元一瓶的雅诗兰黛（Estée Lauder）蓝海之谜润肤膏。

化妆品行业的领导者是欧莱雅，该公司由一位名叫欧仁·舒莱尔（Eugène Schueller）的年轻化学家于 1909 年创立。它旗下的强势品牌将消费者对美的渴望转变为定价权。欧莱雅非常善于利用价格与成果或价格与成本投入之间缺失直接联系这一特征来盈利。例如，一小瓶兰蔻（Lancôme）抗老防皱面霜的零售价为 90 美元，是妮维雅（Nivea）等大众品牌的 5 倍。

消费者几乎不可能测试这两种产品的使用效果，以进行对比，也没有任何消费者能够对比使用一款化妆品与没用的效果。由此可见，相对微小的优势能够产生巨大的商业价值。此外，欧莱雅竭力使消费者信任其旗下品牌，并培养消费者与私人产品之间的情感联系。所谓私人产品，即眼霜、唇膏或其他用于身体敏感部位的商品。与其他商业和工业产品不同，欧莱雅的定价权源自难以量化的无形效益。

从汽车到零食，对许多商品而言，其消费者的消费量有限，但化妆品的消费规模却无可限量。最近一项研究发现，韩国女人平均用 11 款化妆品，每天至少花 40 分钟化妆。极少数行业能够向现存消费者销售如此大量的产品。许多消费者调查指出，即便在经济萧条时期，化妆也是女性消费者最强大的需求。[27] 这就解释了为何化妆品市场比大家想象的稳定得多：经济繁荣时期，化妆品需求上涨；经济萧条时期，化妆品需求维持不变。

欧莱雅通过提供一系列化妆品产品吸引消费者，并牢牢控制所有的销售渠道、价位、分类、销售地区和品牌。它可以通过每一款产品获取市场份额，这说明消费者对欧莱雅的稳定性极其信任。该信任源于两个方面。一是产品的科学基础，这要归功于欧莱雅在研发项目上的巨大投入。欧莱雅率先将相当高比例的新化学品引入化妆品行业，其中许多化学品至今仍是其产品的重要原料。其次，欧莱雅向消费者传达了一种信息：该公司是世界第三大广告客户，前两名是生产各类消费品的巨头公司，即宝洁（Procter & Gamble）和联合利华，两者拥有的产品线相比欧莱雅多如牛毛。

欧莱雅的定价权在其高达 70% 的毛利率上得到了体现，加之强大的现金创造能力、优秀的资本收益和稳固的顶线增长轨迹，如此引人注目的利润率形成良性循环，这令该企业始终保持着市场领先地位。欧莱雅的成功是持久的，并且乐于与股东共同分享。据称其引以为豪的固定股利可以追溯到 50 年前，同时其过去 14 年的复合年增长率高达 16%。

担保效益：伤不起的“降落伞情境”

假设你想购买一款降落伞，那么你最关心的事情只有一件——质量是否过关。如果有一款降落伞价格非常便宜，但在关键时刻不一定打得开，你肯定不会购买这款产品。故障率的存在使商品在消费者心目中一文不值。

许多消费品处于上文提及的“降落伞情境”，例如，儿童安全设施、救生衣、自行车头盔、火灾警报器等。或许某家企业的产品价格低廉，然而一旦出现问题，后果将不堪设想，因此消费者宁愿多花钱买价格昂贵的同类产品。**对消费者而言，为了确保自己选择的是最可靠、品质最好的产品，消费者心甘情愿支付溢价。**

现在，我们将担保效益延伸至制造业的情景中进行考量。如果一个微型机械或原料故障就会导致整个制造工厂停工，那么消费者就会选择只与一两家可靠的供应商合作。虽然消费者知道这将会提高成本，但他们仍愿意为可靠性支付高价。氧、氢、二氧化碳等工业用气供应商就是很好的例子。上述气体不仅几乎没有专利，而且它们的一些特性还给了供应商一种优势。在许多行业的制造流程中，气体的购买只消耗一小部分成本，但大量存储却会产生巨额仓储费。如果供应商破产，那么整个化学工程和精炼厂都将被迫关闭，最终必然出现不可挽回的经济损失。结果如何？无法积累信誉的新供应商必然无法与高价但供应稳定的老供应商相提并论。

担保效益的案例在制造业之外也比比皆是。父母在购买婴儿食品时，诸如雀巢等知名品牌能够确保食物的健康与安全。各企业心甘情愿向知名产品检测或审计公司（如四大会计事务所）支付高价，它们既可带来内部担保效应，也可以让股东放心。农民在购买拖拉机时，也愿意向知名制造商支付高价，因为它们提供的商品经过了时间的检验，而且农民也担心产品故障会影响一整年的收成。担保效益通常建立在声誉之上，高质量或可靠性的声誉需要时间来打造。无论投入多少资金，与高名誉企业竞争几乎必败无疑。

SGS 与天祥集团：共建企业诚信与质量保证体系

消费者购买商品时会产生一定的质量期望。牛肉买家希望买到可口健康的食物，家用电器买家则希望买到高性能的生活帮手。消费者的支付意愿决定了卖家的定价权，因此卖家的定价权与消费者对该产品的质量期望直接相关。唯有消费者的期望得到持续满足，商家的定价权才得以维持。

现代商家面临两个挑战。其一，供应链越来越长、越来越复杂。以前，制造商控制着绝大部分生产流程，如今则进行外包，并且是外包到地球遥远的另一端。如今的生产者仍然需要担保其产品质量，但却失去了对生产源头的控制。其二，消费者和监管部门变得越来越慎重，他们要求企业承担更高的责任感。然而在生产全球化的今天，技术故障会在全世界扩散，因此如果产品出现质量问题，很少是由当地厂商造成的。

由于生产流程信息减少、产品偏离生产标准的成本增加，生产者转而寻求产品测试服务的帮助。产品测试是公平的质量裁判，能够向消费者提供质量担保，认证具有特定需求的消费者价值。与传统审计员及评级机构一样，法国必维国际检验集团（Bureau Veritas）、英国天祥集团（Intertek）和瑞士通用公证行（SGS）用了超过一个世纪的时间来打造其在产品、商品、设备和流程认证领域的声誉。高声誉的质检机构收费更高，生产者能够从前者那里买到消费者对产品质量的信心。然而即便是高收费的质检机构，其担保的服务在产品总体成本中只占一小部分。

质检机构热衷于宣传本身能够在全球范围内授予客户更高的声誉与定价权，因此规模成为这一行业的准入壁垒。规模还可以提升系统知识、缩短流程、降低单个产品检验成本。产品测试服务成为内部检验的良好替代品。通常，客户还需要质检机构参与到信息技术与运营平台中。高昂的前期成本使生产者倾向与固定的两三家质检机构合作，而非四处撒网。这些特性侧面反映了全球质检机构的经济效益，其中一些企业的利润率超过 30%，在消费品检验业务中获得了有力的资本收益。

便利效益：便利店的售价确实比超市更贵

使产品易于购买是增加消费者效益的简单办法，而这就是所谓的

“便利效益”，其最基本的外在形式就是街区附近的便利店或餐馆。它们未必提供最便宜、最可口的食物，但邻居们愿意为其便利性支付溢价。然而，单独基于地理因素的便利效益极易遭遇竞争。你无法阻止新的竞争对手在你隔壁开店。同样，如果你能够成为垄断某一国家或某一地区的经销商，那么这将为你提供巨大的优势。然而，如果价值定位建立在消费者无从选择其他品牌产品的基础之上，那么该优势也不过是昙花一现。

便利效益的另一个形式是顾客亲密度，这是一种销售模型。通过提供便利性和效率，使企业最大限度地满足顾客需求。顾客亲密度的主要来源是负责，它与企业及现有客户的关系直接相关。一支强大的销售力量能够带来上述效益，它对复杂产品尤为可贵，此时销售员兼任着产品顾问的角色。将产品与私人事务绑定也能起到类似效果，比如银行为客户提供自动工资存款和账单支付，或通讯公司将客户的电视、网络和电话进行绑定。

客户类型：终端用户？批发商？

世界上的客户形形色色，但他们可以大致归为两类：零售消费者和企业消费者。零售消费者易变、敏锐，可能对某些产品价格敏感，但对另外一些产品挥霍无度。于是一些营销专家花费大量时间和精力研究这种多变的癖性。不过有一件事情很清楚：**消费者愿意为那些能够提供无形效益的商品支付高价，特别是小型商品。**

企业客户则多种多样，其规模差异巨大。小型企业更像消费者，通常有着较高的成本意识，偶尔也愿意为无形效益或便利效益支付高价。然而大型企业的购买决策更具目的性，即专注于直接的成本节约，为无形效益或便利效益支付高价的意愿不高。此外，大型企业逐渐倾向于通过采购部门进行理性购买。但是这并不意味着企业并非极具吸引力的客户，而是表明我们必须更深入地分析供应商从销售环节提取价值的能力。

在此，我们介绍几条经验法则。

首先，买方企业会将注意力放在与组织高层签订合同相关的高价交易中。一些来自企业客户的订单不需要高级经理或顾问的核准即可进行，因此卖方企业可借此卖出大量低价产品。其次，卖方倾向于通过投标或组织谈判的形式，为买方企业生产质量最次的产品，因为在投标或组织谈判中，供应商之间的激烈竞争把产品的价格压到了最低。最后，从卖方角度分析，一家企业的决策如果仅仅取决于价格而非其他因素，那么这笔交易的吸引力就会相应较低。

相比零售消费者，企业买家更倾向于接受“所有权总成本”的概念。如果某类机器性能十分稳定，或者可以节约较大的生产成本，那么厂家就可以提高定价以直观反映这种经济效益。同样，企业通常会在生产流程中选择使用几家固定的供应商的产品。

特定企业具有一定的规模与复杂性，因此更换供应商的成本可能远高于生产成本。软件行业就是一个很好的例子。SAP 系统（Systems Applications and Products in Data Processing）是世界著名企业管理软件，市面上存在许多更便宜的替代产品，但 SAP 系统的统治地位仍然难以撼动。客户都明白，更换系统是一个痛苦而昂贵的过程，将带来直接成本的上涨和巨大的业务损失。

企业具有较强的风险规避特征，这一点被卖方不断扩大。在大型企业中，如果做出较严重的错误决策，将给个人与公司带来巨大的损失。如 20 世纪 80 年代的一句名言：“从来没有谁因为买了 IBM 的电脑而被炒鱿鱼。”面对零售客户时也一样，由于企业买家带有风险规避普遍特征，因此，向他们提供拥有担保效益的产品更有优势。

竞争优势：可放大又可复制的护城河

沙滩上唯一一家冰淇淋商店拥有独特的竞争优势，因为它是某项功能的垄断者，是这个市场的唯一卖家。然而这种独特的竞争优势很难转变为持续增长的动力。提高商品的价格或改进商品结构的确能够增加冰淇淋商店的收入，但其竞争优势无法放大，因为谁都无法保证，这可以帮助该商店能在任何新的海滩拿到独家经营权。

我们寻求的竞争优势，应像冰淇淋商店的垄断一样，为企业创造经济护城河，但同时又能够在其他地区复制。竞争优势的范围很广，而且与之后章节中探讨的主题有着深刻的关系。为了帮助读者奠定基础，本节将着重探讨竞争优势的三个方面：技术、网络效应和分销优势。

技术创新，稳妥优于快速

技术层面的竞争优势最为持久。能够为消费者提供良好效益的产品将获得竞争优势，并得到超出平均的经济回报。然而企业若想维持长期竞争优势，在该品类中只生产一款产品远远不够。毋庸置疑，优越的产品很快就会被竞争者抄袭。在手机市场中，只需要一两个季度，所有主流厂商都会复制行业中有利可图的创新技术。尽管专利保护能够缓解企业受到的一些压力，但这只能发挥局部、暂时的抵消作用。制药行业是一个很好的例子：专利期满，药品的价格通常会下跌 80% ～ 90%。

考察技术层面的竞争优势时，我们应该想到的第一个问题就是技术优势对企业影响力的强弱。对某些企业而言，其技术优势薄弱而短暂，无法构成一项竞争优势。如果技术优势足够强大，那么接下来的问题就是企业应如何持续地在技术层面领跑。唯有帮助企业生产出构成长期、卓越的消费者效益时，技术才是一项可持续的竞争优势。

最简单的方法是在研发阶段的资金投入中超过竞争对手。规模效应也能树立行业准入壁垒，使小型竞争对手知难而退。比如特定技术的内在复杂性、对先进或难以协调的跨学科研究能力的需求以及过高的科研设备成本等便可构成准入壁垒。然而，创新不仅是一场金钱游戏。只有同时在一系列不同创新机会中寻求突破，才能降低生产线整体受损的风险。不要把鸡蛋装在一个篮子里，输掉一场技术竞赛无关紧要，赢下其他技术竞赛便可弥补损失。另外，技术创新应保持低调，避免吸引局外人的兴趣或招来如政府或学术机构等非传统竞争者的注意力。

人们总是认为，研发竞赛快者胜，因此各行业都在疯狂地推进研发速度。然而，由于持久比快速更重要，所以研发竞赛的赢家总是最稳妥的企业，而非最迅速的企业。尽管研发速度更容易衡量，但大多数进展都体现在微改良与复杂性的提升中。企业通过整合一系列变量实现边际产品的不断完善。由于渐进式创新通常极其复杂，因此拥有深厚技术积累的老牌企业一般都能够进一步巩固优势，领先者继续保持领先。

以喷气式飞机引擎为例。从第二次世界大战结束至 20 世纪 60 年代晚期，喷气式飞机引擎经历飞速创新后，其基础设计已得到极大优化。从此，该行业转向了生产原材料、涂料与设计领域的渐进式改良。考虑到产品的复杂性，庞大的研究团队除了实现渐进式创新之外，还需要测试未知的负面效应：一种因素的变动可能对其他因素产生不利影响。经过数十年的技术积累，喷气式飞机引擎的燃料效率已得到大幅提升。[28] 这并非技术革命，却为终端用户带来了极大的实惠，因为此前飞机燃料成本几乎占到航空公司总成本的三分之一。

凭借这种研制周期长的产品，市场领导者能够通过渐进式创新阻止新的竞争者进入市场。即使某出色且资金充足的创新者实现了技术突破，将燃料效率提高 10%，若想把该技术推向市场也需要许多年的时间。在这段时间里，其他制造商可以通过渐进式创新来缩小燃料效率的差距，以掩盖新企业的光辉。此外，喷气式飞机引擎通常会在销售时承担一定的损失，以便获取后续服务所产生的收益。对于新进入者而言，需要花几年的时间才能弥补前期付出的成本。

数据收集与处理方面的优势也能成为企业强大的竞争优势。比如，谷歌（Google）的用户数据，可以无穷无尽地帮助其自身改善算法，提升网络搜索效率。另外，美国知名信息服务公司益博睿（Experian）的评分模型不断通过新数据进行自我更新以推出优秀产品，巩固业内竞争优势。

尽管在理想情况下，技术可以成为企业一项强大、有利的竞争优势，但保持这种优势却难上加难。快速回顾一下企业技术优势的历史便可找到证据——从柯达（Kodak）和宝丽来（Polaroid）到电话应答系统和传真机。**历史上，始终维持着技术领先地位的企业屈指可数。由于竞争对手的追赶或技术发展风向突然转变，无数企业的技术优势顷刻间化为乌有。**

先正达公司：技术创新带来长期资本收益

2000年，阿斯利康（AstraZeneca）旗下农业化学业务以及诺华（Novartis）的作物保护和种子业务分别从原公司中独立，合并组建为全球最具实力、专注于农业科技的企业——先正达（Syngenta），其业务历史可追溯到20世纪30年代。如今，先正达公司是全球作物保护领域的龙头老大，在种子业务领域也位列全球前三。其竞争对手包括拜耳公司（Bayer）、巴斯夫公司（BASF）、陶氏化学公司（Dow）、杜邦公司（DuPont）和孟山都公司（Monsanto）。先正达公司业务相关的农作物范围最广，除玉米、大豆外，还有特种作物和谷物。随着全球对高产农作物的需求猛增，先正达公司一直以来都显现出极大活力。

在农业领域，创新至关重要。如果无法持续投入对新技术的研发，市场份额很容易被竞争对手侵蚀。由于研发对规模与复杂性有着较高要求，该领域逐渐形成了一道坚实的准入壁垒，将小型竞争对手阻挡在外，而老牌企业则必须不停开发新技术，并将其运用到农产品中。

仅研究、开发与产品推出的成本就高达 3 亿美元，过程可能长达 10 年。给定规模、产品范围、专业知识和所需的耐心，新入行的公司将被迫持续投入高昂的成本，并且在多年内无法获得回报。

先正达几乎是该行业中规模最大的科研投资者，仅过去 3 年就投入了 40 亿美元，回报相当可观。2011 ~ 2014 年推出的新产品，最高预估销售潜力达到 27 亿美元。该系列产品可能进一步产生 40 亿美元的收益。这一结果揭示了创新系列产品对销售增长的巨大意义。

先正达公司的创新始终响应了广大农民客户的需求。例如，拉丁美洲农民曾面临晚季作物病害的巨大压力，如锈病。先正达公司在该市场处于长期领导地位，最近该公司加大投入力度，研发出一种新杀菌剂以抗锈病，名为 SolatenolTM（有效成分：苯并烯氟菌唑）。该产品在农民客户中大受欢迎，第一年销售额仅在巴西就高达 3 亿美元，一跃成为自企业创立以来最畅销的产品，其预估最高销售潜力达到了 10 亿美元。这一数字表明，突破性创新能够带来极大的投资回报。

先正达公司一方面利用现有资源发明新合剂，提升现有产品的销量，同时通过试验研发新产品来应对新的挑战。例如，新药 SolatenolTM 就和旧产品阿米西达嘧菌酯混合，生成了专治锈病的新产品 ElatusTM。

先正达公司还向我们展示了在陷入不可避免的商业周期时，

公司业务如何在周期低谷中保持繁荣。虽然农民的收入与农作物的价格密切相关，但无论经济环境如何，农民永远都会继续种植并保护其农作物。在经济萧条时期，农民倾向于削减拖拉机等设备的购买，但在减少农作物保护喷雾剂的购买量时却慎之又慎。对于先正达公司而言，这一相对稳定的状况有力地支持了长期研发活动。

全球人口与财富增长带来的食物需求增长并未引起全球耕地面积的增长，因此人们必须从现有耕地中得到更多产出。这就意味着农业公司必须研制出更高产的技术。先正达公司信誓旦旦地要为人类带来这一重要而珍贵的创新。在农作物保护领域傲视全球、占全球 20% 市场份额、拥有强大的种子技术优势，先正达公司的独特资产组合和浓厚的创新文化，使其始终保持着强烈的吸引力和稳定的长期资本收益。

网络效应，瞬间被颠覆的优势

某一系统的用户增加时，就会出现网络效应。大多数情况下，网络效应代表一种针对客户的有形效益，如社交媒体网络。再试举一例，**市场上卖家越多，吸引的买家就越多；买家越多，又会吸引更多卖家，于是良性循环形成**。分类广告论坛和证券交易所的情况也大致相同。还有互联网搜索，不过它的形式稍有不同。以往的用户数据能够使搜索算法变得更加精确，从而吸引更多用户，而更多用户又会产生更多数据，于是这一循环将无穷无尽地继续下去。

然而，讽刺的是，如果网络效应太强，可能会适得其反。一个太过强大的网络会产生垄断力量，导致政府干涉的风险上升。虽然网络效应对消费者有利，但垄断相反。其他利益相关者或用户也可能掉转矛头，反对存在垄断嫌疑的企业。比如英国的在线租房门户网站 onthemarket.com 就是由一群房地产中介联合组建的网站，以对抗市场垄断者 Rightmove 和 Zoopla 两家房产网站。不过该新入行者对市场的影响力仍有待评估。

另外一个值得注意的问题是，在网络效应大行其道的行业，创新的速度往往很快。虽然网络效应的好处一眼便可看透，但网络自身却面临着突然被毁灭的风险。比如社交媒体行业，脸书（Facebook）单枪匹马消灭了几家网络公司，其中包括 MySpace 和 MSN。

成熟的分销系统，足以令对手知难而退

分销作为一种竞争优势，表明企业通往消费者的渠道比竞争对手更高效。对于那些通过经销商分销而非直销的制造商而言，客户关系尤为重要。优秀的制造商通常都会精心培养与经销商之间的互利关系。这种关系能够为制造商提供强大的保护。

想象一下，如果某商店受到了制造商的礼遇、消费者对该制造商的产品钟爱有加、该产品为商店带来巨额利润，那么，该制造商的竞争对手要想收买那家商店、改变其产品组合，恐怕要付出除降价以外的更大风险。竞争对手或许能够提供更低价的替代品，但经销商面临着巨大的风险：与新制造商的未来合作关系未必那么牢靠，新产品也未必能够受到消费者的巨大欢迎。

在与庞大的产业链进行交易时，采购变得更加理性，此时分销作为一种竞争优势，其形式发生了变化。商际关系仍然重要，但决定竞争优势的因素变成了经济规律。大型经销商知道自己对制造商的价值。因此，制造商会坚定地砍价，使经销商彼此竞争，也许会直接放弃拒绝降价者。在这种情况下，对消费者真正想要的产品的强大供应能力至关重要。

如果消费者非常看重企业的售后服务，那么企业的分销能力就变得异常重要。对售后网络的需求为制造商带来了“鸡和蛋”的难题。如果消费者因对售后服务怀有疑虑而没有购买产品，那么企业只能通过增加售后网点来促进产品销售。但是，空建许多低业务量的维修网点代价高昂。因此，与拥有成熟售后网络的企业竞争往往令人畏惧，并且需要投入巨大的前期成本。如果这一成本足够高，就可以令竞争者知难而退。

目前，我们分别探讨了产业结构和竞争优势话题，这两者都是造就卓越企业的基础要素。如果将这两个因素有机统一，那么识别甚至造就一家高品质公司将易如反掌。然而，现实往往更为复杂。

公司的长期财务表现取决于本章中不同因素的协调情况。成功没有固定的模板。有时，看似瑰丽的大厦，其根基却摇摇欲坠。我们将在第3章深入讨论这些内容。相反，短期波动或许会掩盖某些企业结构的光辉。在之后的章节中，我们将根据积累的经验，着重列举最可靠的配置结构，也就是对品质投资而言最重要的规律模式。

第 2 章

评估竞争优势持久性的 12 种模式

穆雷、标普是债务评级行业的“黄金标准”，微软 Excel 是财务软件的“黄金标准”，企业究竟如何成为行业标杆？又如何将竞争优势保持得更持久呢？众多零售商竞相模仿好市多“低价的平方”策略，却没有一家成功，削减成本看似简单，为何落地之路如此艰难？

在寻找高品质企业时，我们要的结果非常清晰：拥有强大、可预测的现金创造能力，稳定的高资本收益以及极具吸引力的增长机会。因为产业的多样性、商业模式的不同以及竞争环境的差异，所以能够帮助企业达成上述几点的基础要素也随之产生很大的变化。丰富多样的机会变量使我们无法明确为品质投资设立严格的标准，也无法给出准确定义。我们做了更全面的了解后，发现高品质企业通过不同的路径实现了他们的上述目标。

在对各种途径的研究过程中，我们发现了一些规律可循，即策略、技巧或诸如定价权、品牌实力等行业领先优势的相似组合。其中一些模式更为微妙，如电梯、软件等产品的制造商的持续服务收益，或是像水暖业、牙医和造瘘术等不同的专业性服务商。

上述所有商业模式均有助于阐释不同企业如何实现我们所寻求的经济目标。这些模式有部分重叠，很少或几乎没有任何一家企业能够一应俱全。甚至，对许多企业而言，拥有其中一项因素，就足以睥睨群雄。投资者可以借助这些模式进行企业分析，以寻找真正的高品质公司。本章将列出 12 种模式。首先，我们从经常性收益开始。

稳定的经常性收入

当现有客户群购买某企业的附加服务或产品时，该企业的经常性收入将有所提升，例如喷射发动机需要维护、安全系统需要起到监视及回应的作用、期刊需要续订。**如果购买服务变成必需的行为，那么企业的经常性收入就可以得到强劲提升。**如果某位客户购买了某企业的设备或软件，那么他很可能在未来还要继续从该企业购买附加产品或服务。于是，该企业就成为购买其设备的客户群的内部垄断者，并且能够从中得到稳定的收益流。对企业而言，这是一种良性循环：客户群的数量越多，垄断范围就越广，收益来源就越可靠。

高水平的经常性收入可以增强企业的稳定性，并提升其现金流的可预测性，甚至身处周期性行业的企业也是如此。以电梯行业为例，电梯的销量完全随着新建筑开工的数量而波动，因此该行业是纯粹的周期性行业。但即便在经济萧条时期，电梯公司仍然能够依靠电梯维护业务取得稳定的劳务收益。无论业主、租赁人还是政府都非常重视电梯的安全性和稳定性，因此，即便新电梯的销售量出现波动，但已安装的电梯使电梯公司的收益增长变得相对可预测。对投资者而言，这种稳定性十分可贵。哪怕在周期波动性强的行业，这种特性也能创造稳定的、可预测的价值商业模式。

销售前期产品

大多经常性收益模型都需要以前期销售打开市场。尽管前期销售带来的高水平经常性收益通常是高吸引力行业结构的特征，但两者之间并不存在必然关系。如果某企业的前期销售收益过低，其成本将吞噬后续产生的经常性收益。

但是，如果某企业的前期销售收入和后期经常性收益都具备竞争优势，那么其业务经济状况将得到双倍增强。最著名的案例莫过于20世纪90年代末和21世纪初的软件公司——SAP和微软（Microsoft）。那是云计算诞生前夕，软件公司还有一些经常性收益残余，但并非任何前期销售都能带来这种水平的收益。前期销售还有另外一个好处，那就是能够阻碍想进入市场的新玩家。打造用户基数需要经历相当长的时间，新进入者需要忍受连年亏损才能从后续产品或服务中得到回报。

前期销售的绑定效应潜藏另一个不利因素，即客户与供应商都对这种垄断格局心知肚明。供应商会提高相关投入的价格，客户则会针对前期产品拼命压价。这些成本会降低企业利润，因此必须和丰厚的后续经常性收益同时评估。

执照与授权费

经常性收益模式的最纯粹形式就是紧随前期产品购买而来的定期授权专利使用费。该授权模式在软件行业尤为突出。客户首先因安装某软件而支付费用，然后为获得相关维护、支持与更新服务，每月或每年额外支付一笔费用。有些企业选择拒绝支付后续费用，但大多数企业都乖乖就范，原因是缺乏后续服务，就意味着存在产品故障或逾期失效的重大风险。

后续服务费

除软件行业之外，（售后）服务模式是经常性收益的最常见形式：产品一旦被售卖出去，会产生修理、日常维护和大修的预期收益，但这类收益的发生时间和额度却是不确定的。**许多工业企业都依靠售后服务，**

享受着优厚的收益流，但这类好事并不会自动发生。

客户在购买资本设备（固定资产）后，除原设备制造厂商外，在维护与检修等事项中还有另外几个选择，比如原设备制造商的竞争对手或第三方修理公司。有时甚至连设备的部件也能从第三方采购。服务模式是否能运行靠的是企业是否能够成功击退替代选项，也就是将新设备买卖合同转成服务合同。

最理想的结果是拥有一些签订长期合约的客户群，每年向他们收取固定费用。喷气式航空发动机制造商就是绝佳的学习对象。他们总是会与大型航空公司签订为期数年的维护合同，以对发动机进行检修，并更换零件。

与航空发动机制造商相同，以相似手法进行销售的制造商的产品对客户来说往往至关重要。如果在大西洋上空，航空发动机出现故障，后果不堪设想。发生故障的后果越严重，客户越倾向于购买原厂配件或与原厂签订服务合同。

如果产品故障风险将带来与法律相关的后果，那么（售后）服务的模式就能更有力地绑定客户。尽管法律会变化，但相关法律的存在表明了客户可能面临着巨大风险。电梯行业就受到了政府的严格监管。

如果产品故障将给客户带来极大的经济损失，售后服务模式的效益也将倍增。以轮船发动机为例。船舶因冗长的维护期而停靠港口，对船主而言代价高昂。因此，船主更倾向于为定期检修与快速修理支付费用。芬兰的瓦锡兰公司是轮船动力与能源行业的龙头企业，它以覆盖范围极广的维修服务网络而享誉全球。[29]

产品寿命能够对带来经常性收益中的售后服务模式所创造的价值产生影响。设备的使用寿命越长，需要的检修服务和更换零件就越多。只有 2 ~ 3 年使用寿命的产品出现故障之后，人们倾向于更换，而非维修；而对于昂贵、使用寿命长的设备，人们则倾向于维护，而非更换。

当然，超长使用寿命也有不利的一面。高质量的耐用设备极少出现故障，有些机器甚至几十年也不会损坏，或者只需要稍做维护。问题的关键在于，年度经常性收益对前期年度销售额的比率的大小：占比越大、时间越长，对企业越有利。

订购：诱人的预付款项

订购服务也是经常性收益的表现形式，但或许是收益最低的一种。其客户群并不完全与前期产品购买者重合，但潜在的续订利益却存在于现有的订购者中。

我们需要注意订购服务与前述绑定机制的差异。有些根据类似订购条款而提供服务，彼此差异性极小，因此客户的转换成本较低，如通讯公司的廉价手机计划便属于此类商业模式。如果转换成本很低，客户将很快切换到价格更低廉的服务方。在这种商业模式中，大家都更倾向成为低成本的生产者而不是去取得经常性收益。

具备差异性或嵌入自动系统的订购将具备较高的吸引力。所谓具备差异性的订购是指该企业的产品缺乏竞争者。最好的例子是内容高度差异化的期刊，例如《经济学人》（*The Economist*）。当供应商将相关信息整合到更全面的系统或更高效的程序后，就会产生嵌入式订购，比如将定价数据传给市场分析员，或将信用历史发给银行信用评估员。

密度效应和网络效应

除销售和服务收益带来的利润增长之外，服务性业务还可以凭借客户群增长而受益。比如密度效应：某特定区域内安装的设备越多，维护效率越高。维修人员将减少浪费在往返于设备之间的交通时间，并由于设备的本地环境效应而积累更多经验。密度越高，经常性收益的成本就越低，利润越高。

网络效应也可以增加价值。服务网络范围越广，响应客户需求的速度就越快，维修速度也将极大提升。对于农民而言，如果拖拉机在收获季节出现了故障，快速维修对他们将是至关重要的。在他们收割地点附近开设维修中心的制造商能够迅速解决问题。就购买前期设备与评估售后服务而言，毫无疑问，上述厂商的产品拥有更强大的吸引力。庞大的服务网络能够为企业带来一定程度的竞争优势。

经济效应：潜在的负营运资本

在许多经常性收益模型中，由客户出资赞助供应商的业务，客户在商品或服务交付之前就已经付款。许多供货企业都能够以负营运资本运营，而这意味着较少的资源被绑定在运营事务中，进而降低成本、提升利润。**的确，对世界上大多数公司而言，扩大规模会增加周转资金增长带来的资金成本；对于拥有可观的经常性收益企业而言，扩大规模反而意味着能够从营运资本中获得更多利润。**

订购和服务的收入可以得到预付。因此，收益能比货到收款的公司更快地转换成现金。现金向来是越早收到，越有价值。

订购并提供服务只需极少量资本投入来支持增长。最极端的例子便是软件公司进行更新时，只需动一下手指，甚至制造公司也只用现有机械与设备来生产备用零件。专业定制服务也属于轻资产，只需付出人工成本以及一些简单的工具。

用潜在负营运资本、快速现金流以及低资本投入的组合来推动商业发展是非常少见的，但这也是经常性收益模型的普遍特征。

许多企业都拥有一定程度的经常性收益，许多经理人也致力于在整体运营中提升其占比，但拥有一定的经常性收益并非缔造伟大企业的必要条件。然而，对判断某家公司品质高低的经济模式而言，经常性收益是不可忽略的经济特征。在阿特拉斯·科普柯、达索系统、劳斯莱斯和通力电梯等高品质公司中，我们都发现了这一特征。

通力电梯：经常性收益成就最具价值的投资对象

电梯是人们在日常生活中最常用的工具之一，除非它们出现了故障。尽管现代电梯比 19 世纪 50 年代刚刚发明时更加快速、智能，但基本技术原理却从未改变。无论你走进巴黎一部一个世纪前生产的电梯，还是走进上海的一部新电梯，它们的基本组件大致相同，即发动机和起重机。

1910 年，通力公司成立于芬兰赫尔辛基。起初它是一家专门修理电动机的机械厂。1924 年，通力公司被赫林（Herlin）家族收购，之后变成一家全球性电梯公司。赫林家族至今仍拥有通力公司的控制权。20 世纪 60 年代，在智慧勤勉的佩卡·赫林（Pekka Herli）的领导下，通力公司经过一系列高明的收购，更上一层楼。

如今，通力已经是世界上最大的电梯公司之一。它仍然在有机增长，其商业交易手段也异常高明。通力公司与蒂森克虏伯公司（ThyssenKrupp）、迅达集团（Schindler，仍由创始家族控制）及奥的斯公司（Otis Elevators）占据了全球电梯市场近 70% 的份额。对通力公司而言，销售电梯的确能够带来可观的收益，但它同样注重后续服务收益。毕竟，一台电梯能够供几代人使用。为此，购买电梯的消费者可能大多是一次性客户，但他们永远需要保修服务。与许多产品不同，电梯的保修服务并非简易之事。电梯发生的任何故障都可能是灾难性的，因此绝大多数国家的政府直接对电梯维修业务进行监管，因而房屋业主及保险商都倾向于在电梯维修工作中大力投入。

前期销售的利润或许不高，但每销售一部电梯都能带来高利润和高资本收益的终身服务收益。通力公司在成熟市场的客户黏性超过 90%。由于服务收益的利润非常高，厂商对此严格保密。一般研究认为，大多数电梯市场的服务利润高达 30%。

顾客通常偏好原制造商提供的维修业务，而这便赋予了电梯制造商定价权，也是他们获取高利润的部分原因。密度效应进一步提高了利润率，由于特定区域内安装电梯数量增多，服务业务的效率便越高。在这种市场效应之下，小型厂商的未来极其渺茫。

基于通力公司电梯安装客户群的庞大基数，虽然日常维护与升级带来的经常性收益只占其总收益不到 50% 的比例，但利润占比却要高得多。每新装一部电梯，售后服务业务就得到了进一步扩张，经常性收益的基础也随之扩大。最终无论市场经济状况如何，无论建筑业是否繁荣，通力公司强大的整体商业盈利能力始终如一。

2008 年金融危机引发的经济深度衰退较好地证明了上述观点。2007 ~ 2010 年，尽管新电梯销售额连续几年急剧下降，通力公司的复合年增长率依然高达 13%；即便在情况最糟糕的 2009 年，通力公司的收益也维持平稳，并未下跌。

由于服务费通常提前预付，以致通力公司成为罕见的负营运资本企业，其资本收益处于高水平的平稳状态。通力公司强劲的收益，加上收购活动和市场本身的扩张，加倍保证了它的有力增长。在过去十年间，通力公司的账本顶线增长超过两倍，账本底线则提高近四倍。通力公司凭借这一表现，成为赫尔辛基证券交易（Helsinki Stock Exchang）所中最有价值的上市公司。

友好的中间商：盟友？敌人？

许多企业必须通过中间商与终端消费者接触。对企业扩大规模、提升利润和收益而言，中间商是一把双刃剑，可能有利，也可能有害。为了了解中间商从中扮演的角色以及影响，我们列明了几种能称之为“友好中间商”的模式。

伸出援助之手

能够结合公司产品销售和专业服务的中间商对一家公司来说是比较难得的。此时，中间商既是产品销售员，又是产品专家。比如牙科医生会为病人推荐牙科植体，甚至某品牌的牙膏；验光师会为顾客检查视力、定制镜片，而顾客在选择镜片和镜框时，自然而然会咨询验光师的专业建议。与电子商店的销售员不同，人们更倾向于相信验光师，其实销售员和验光师事实上都是推销员，之所以如此，是因为验光师把客户称为“患者”，而不是顾客。出于职业精神以及担负维护声誉的责任，验光师的目标就是为顾客推荐适合的镜片，让他们开心。

出于经济目的，验光师的目标是在所有满足专业标准的双眼中，把最贵、利润最高的产品卖给顾客。患者的需求都是一致的，高品质至关重要，如果品质高，价格贵一些也能接受。因此，如依视路等镜片制造商就处于有利的商业地位。眼镜店的专业人士倾向于将满足需求的高价产品卖给消费者。中间商的内在激励使镜片制造商受益无穷。

另外一个提供专业服务的例子属于工业产品安装，如电力设备或管道系统承包商。顾客会依据提供商的每小时工时费，选择最低价格，而非检查货物样品之后与对方讨价还价。消费者最看重产品的安全性和可靠性，而非成本。

技工的目标与客户未必一致。虽然前者也关心产品的安全与稳定性（毕竟这会影响他的声誉），或许还有产品安装的难易程度，但他们并不会关注产品价格。然而，如果售出产品的价格能够为技工本身带来利润，他们也会倾向于出售高价产品。这一因素又促使制造商处于有利地位：专家推荐产品、顾客买单。

如何让中间商推销你的产品？

千万不要因为上述讨论而认为所有企业都能够从中间商的销售中获益颇丰。与第三方合作的商业模式存在许多变数。例如，独立财务顾问或采购顾问介入会将购买过程复杂化。

在大多数时候，这些专业人士扮演高成本的守门员，而非友好的中间商。中间商推荐某供应商的产品时需要一些理由，因而后者会采用不同策略来提供中间商这些理由。

其一是产品差异化。某企业的产品要么对中间商要么对终端客户而言非常独特。中间商必须给出合理的理由为这款产品而非另一款产品背书。在专业性的中间商中（如医生或技工），卓越的产品质量和出色的服务将是充分的推荐理由。

专业人士通常珍视名誉，因此会选择名誉同样高的产品进行推荐。可靠的客户服务也同等重要，否则产品的延期和故障将使中间商受到消费者的口诛笔伐。

对于复杂或难以安装、使用的产品，专业训练是一项重要的锁定策略。如果某第三方供应商接收并得到某企业对应其产品安装的专业针对性培训，那么他们有很大概率会向消费者持续推荐该产品。此外，该培训也是一道准入壁垒。已经习惯某种产品的专业人士在学习操作竞争对手的产品时，会面临一定的转换成本。

吉博力：培养第三方关系网

吉博力（Geberit）是欧洲卫浴洁具的市场领导者，其产品包括卫浴系统及管道系统。1874 年，吉博力作为管道系统公司于瑞士的拉珀斯维尔（Rapperswil）成立。经过一代人的努力以后，由于公司创始人的儿子将公司业务扩展至冲水马桶水箱，吉博力的发展势头猛增。从此以后，相关科技的进步使水管设施步入新纪元，新技术将其隐藏在墙壁中以节省空间，看上去更加美观。1964 年，吉博力率先发布隐蔽式马桶水箱，为这一趋势推波助澜。迄今为止，该公司已卖出 6000 万套相关产品。

将管道藏匿在墙壁里的趋势将整个产业的中心从设计转向技术。然而，这也给设施安装与维护增加了难度。对浴室建造者和主人而言，一旦水管设施无须考虑美学因素，那么唯一重要的就是产品的可靠性与价格。在这种情况下，顾客倾向于信赖有认证资格的专家，也就是有工作许可的管道工人。吉博力趁势将水管安装工人变成了自己友好的中间商。

与终端消费者一样，水管工也追求高质量产品——这款产品质量最好、容易安装又不易损坏。然而，与终端消费者不同，水管工对产品价格并不敏感，因为他们并非付费购买者。吉博力通过培养与水管工的稳固关系，从决策者（水管工人）与消费者之间的关系中得到了商机。

当竞争对手将主要精力花在产品可靠性与技术支持上时，吉博力的策略却是巩固其与管道工人关系。吉博力会向水管工及学徒提供免费的产品安装培训，如有必要甚至可以现场教学。对产品的熟悉度建立了品牌忠诚度，并节省了水管工的时间以及培养学员的成本。有一年，吉博力的客户拜访量甚至高达 20 万次，其中造访的客户有水管工、建筑师或其他的消费目标群体。

此外，吉博力通过加强产品的易安装性和稳定性为水管工提供便利。其产品的长期品质保证对水管工的声望也起到了保护与提升作用。

为了维护这种关系承诺，吉博力的研发投入一直很稳定，每年预算超过 5000 万美元。该投入使吉博力的产品迅速响应顾客需求并与建筑法规同步前进。例如，最近出台了一条要求减少公寓和酒店管道数量的法规，要求饭店以及住家安装低噪声的管道。吉博力则及时推出相关产品减小了水管工的压力及违规风险。

吉博力通过反周期运营模式，放大了这一独特战略模式的价值。在建筑行业的低迷时期，吉博力的竞争对手纷纷撤退，而吉博力则抓住水管工清闲的时机，努力为他们提供培训，并建立彼此的忠诚度。甚至在经济萧条时期，这条策略也非常奏效。例如，自 2006 年以来，法国的经济环境比较严峻，但吉博力在法国市场的销售额几乎增长了 1 倍。

稳定性和可预测性成为吉博力的标志，靠的不只是策略，还有公司的管理团队以及企业文化给予生产以及营运上的支持。吉博力公司的营业毛利非常高，并且增长稳定，从 2002 年的 14.6% 上涨至如今的 24%；拥有高效率的营运资本，同时手握自主定价权；资本收益一直处于上升趋势，从 2002 年的 14% 涨到 2014 年的 35%；市场份额持续扩大，在过去 10 年间，虽然欧洲建筑市场一直在收缩，但吉博力的复合年增长率达到了 3.6%。

收费公路模式

许多大型产业企业都由专营市场的供应商供货，这些供应商提供的服务或产品很可能只占大型企业总成本中相对较小的部分，但这一小部分却事关该企业的生死成败。就像齿轮一样成为行业准入壁垒的核心环节，虽然微小但又至关重要。这意味着供应商的竞争格局处于少数垄断且稳定的地位，而非无准入难度、不可预测。最佳范例当属提供专业认证服务的企业，包括审计、信用评级和产品检测，以及提供酸奶或机油这种有特质配方的企业。处于此类专营市场的企业，盈利模式相当于从各种相对稳定的大型产业经济中分一杯羹。我们称这种企业为“收费站”。

黄金标准

消费者理所当然地认为，有些企业标准是某一行业的黄金标准。最显著的案例当属债务评级行业。投资人和监管者均依赖少数几家机构评判债券等级。这些机构以穆迪投资者服务公司（Moody' s Investors Service）或者标准普尔公司（Standard & Poor' s Corporation）为首，它们向债务发行人收取高额费用，对相关债务进行评级，简化投资者的分析流程。同时，他们也为信贷市场带来了秩序、稳定性以及行业壁垒。这也是为什么在 2008 年金融危机爆发的前几年，这些机构出现了极其严重的错误评级，但依然毫发无损地存活至今的主因。

这种独立验证或检测服务存在于诸多行业中，如金融审计、供应链管理和消费品评论。当出现风险或失误的风险较高，可能导致如资产配置不当或破产等直接后果，或有损名誉及违反法律等间接后果时，评级机构的特殊价值便突显出来。**假如为第三方而非付费者提供此服务，那么其价值往往更高，比如债券评级机构以及金融审计机构。**

全球化以及越发复杂的供应链点燃了市场对独立验证服务的需求。随着越来越多的企业进行全球化的采购，并在不同的法律管辖范围内进行生产经营活动，以至全球黄金标准的价值与日俱增。这种趋势使案例中的 SGS、天祥集团和法国必维国际检验集团获益良多。

其他黄金标准则起源于培训行业。许多职业都要求使用特定软件，比如医疗诊断器械软件和工程建筑软件等。这些软件的培训课程价格昂贵，反复使用能提升知识水平，同时提高转换成本，并促进标准化。

以财务软件为例。微软的 Excel 软件的广泛运用为我们展示了一条黄金标准树立的过程：从学校到公司的基本培训以及各个家庭，财务专业人员与其他领域的众多人士都学习如何操作、掌握其原理并依赖它来工作。在工程学与建筑学中，大学里进行授课的软件成为企业使用的软件，自然而然地促成标准化作业，因为老板希望招聘受过良好培训的雇员，大学则致力于培养受到就业市场欢迎的学生。

在技能培训处于至高无上的行业中，最终只能存活少数几家供应商。其产品将深深扎根于行业培训当中，以至超出学术层面，对行业产生影响。这些产品嵌入职场，增强了企业的竞争优势，因为重新培训全体员工的代价十分昂贵。

神奇的配方

出现“收费公路”模式的另一个领域被称为“神奇的配方”，即在生产过程中以低成本产出高价值的产业。在各行各业中都存在“神奇的配方”。比如食品和饮料行业中的酵母、口味配方和芳香剂；酸奶制造商的发酵剂和风味添加剂只占总成本很小的一部分，但对酸奶的最终的口感及口味产生了极大影响，从而决定了最终销量。

工业生产过程中的气体原料也起到了类似作用。钢铁厂使用氧气的成本微不足道，然而如果氧气供应出现问题，整个生产环节将陷入停滞。因此，钢铁企业往往倾向于按时为氧气付款，并只从垄断该“收费公路”领域的几家声誉卓著的大企业进货。

科汉森：以低成本获得高收益

牛内脏似乎不太可能成就一家大名鼎鼎的全球企业。然而，当克里斯蒂安·汉森（Christian Hansen）创业时，该公司的唯一产品就是凝乳酶。这是从年轻反刍类动物第四个胃里提取的一种复杂酶混合物，广泛使用于奶酪的生产。1874 年，科汉森公司（Chr. Hansen）创始人在丹麦的一家旧金属加工车间里开始生产凝乳酶。很快，他的业务扩张到海外，全欧洲的代理商都在出售汉森的产品，同时汉森在美国也开设了一家凝乳酶粉剂工厂。

其他产品线也迅速面世。例如应用于乳制品的天然色素，酸奶等食物的酵母、黄油，还有酸奶油。技术进步使大多数助凝剂得以通过现代发酵工艺生产，而非从动物的胃部提取。如今，科汉森公司成为全球规模最大的食品细菌及酶供应商，这方面的业务在公司业务中占了很大的比例。

下次，你在吃干奶酪时，或许可以稍微注意一下食品的成分表里是否含有一种含有嗜中温及高温菌株的混合物。它们正是科汉森公司的典型产品。

这种发酵剂在奶酪制作过程中发挥了几种不同的作用：作为催化剂，将奶变为奶酪并释放出酶，提升其成熟后的风味。传统乳品厂通常会保存其独特的菌种，以备下次生产时使用。然而这种方法的效用并不稳定。

科汉森解决了这一问题，其产品能够在屡次使用中发挥可靠且稳定的作用，不同批次乳制品的风味与口感更加一致。说服传统乳品厂投入科汉森的怀抱并非易事，然而一旦他们得到好处，就迅速与科汉森建立了稳定的合作关系。

有几个原因可以解释上述案例。

首先，科汉森产品的绝对成本非常低。在客户的投入成本中，微生物占比基本不会超过 1%，但它们却往往可以决定一款产品的商业命运。也正因为其价格低廉，企业如改用价格更加低廉的竞争产品也根本无法节省更多的成本。

其次，菌种会直接地影响食物的口感和风味。以酸奶为例，产品的风味以及口感决定了客户的喜好。更改已取得商业成功的产品配方存在巨大风险。

最后，科汉森的产品通常能够提升客户的生产效率，在保证产品质量的前提下降低成本。

科汉森公司的经济状况也要得益于其规模效应。生物制品生产是一场以量取胜的比赛，规模越大的产品批次带来的利润越高。科汉森公司在全球市场约占 45% 的份额，这使它能够在其竞争市场投入最先进的生产设备。该公司的竞争者则缺乏支撑这一投入的产量。同时，科汉森公司的研发预算在同行业中所向无敌。其研发效率因其无与伦比的微生物资料库而加倍放大。科汉森的微生物资料库详细至基因层面。广博的专业知识以及对研发的持续性投入使科汉森的市场领导地位无可动摇，同时也大大降低了新竞争者进入市场的可能性。

科汉森公司作为大型行业的重要专营供应商，至高无上的地位在其出色的财务特征中可见一斑。在上一个财务年度中，科汉森的营业毛利超过 25%，资本回报率高达 35%，销售则增长了 8%。这与其自身自 2010 年首次公开募股以来取得的年度成绩交相辉映。

许多企业能够生产出重要的消费品，但极少数能够像科汉森一样为客户提供具有变革价值的商品，使客户以低成本获得重大的产品收益。科汉森公司的产品是真正的“神奇配方”。

行业结构和经济状况

“收费公路”型企业是典型的寡头垄断，而非独家垄断。尽管客户认定少数几家供应商的价值比其他企业更大，但只与一家供应商合作的成本将难以负担。因此，全球有四大会计事务所、四大工业气体供应商、三大信用评级机构和三大品质检测机构。没有形成垄断的市场格局加上具有高度一致性的产品，让每个市场参与者清楚地认识到他们之间的相互竞争仍要持续数十年。这一共识促进了市场的良性竞争，而非破坏性的资源掠夺战。

“低价 +”模式

以价格战应对竞争的策略几乎无法成为某个企业较为稳定的竞争优势。不过与其他强化优势相比，这种模式也极具吸引力。这就是我们所谓的“低价 +”。当价格成为唯一重要的因素时，企业极易受到竞争者价格战的攻击。然而，有些运用低价策略的企业能够取得令人艳羡的成绩，其中相当多的企业可被视为高品质公司。

最近几十年，宜家（IKEA）、Inditex 集团与好市多（Costco）等零售商的卓越成绩印证了这一点。然而，仅仅评估价格策略是无法得知其成功的原因或其商业模型的持久性的。更值得一提的是，与低价策略联合使用的商业模式能够抵消低价策略产生的竞争隐患。

低价品牌：宜家的成功咒语

当你问起别人，哪里可以买到便宜且质量可靠的家具，得到的答案很可能是宜家。当问到价格实惠的女性时尚服装品牌时，答案总是

Primark、H&M 和 Zara。当问到哪里去买物美价廉的眼镜时，德国人一定会提到菲尔曼（Fielmann）。那些成功将以价格为导向的商业模式融入品牌性价比声誉的企业，都走过了一条漫长的道路，最终打破了低成本易被竞争者入侵的诅咒。

低价品牌的成功取决于以下几个因素。首先是产品差异化。消费者喜欢低价且得体的服装，或别出心裁的装饰类用品（如牛仔裤和沙发）。这些商品非常容易被诸如是否合身、质量高低等因素影响。只要在预算内，消费者就不会计较价钱，就算很容易就找到一款更便宜的商品，也只想要买合适的商品。消费者对价格的容忍度弥补了低价商业模式常见的缺陷。

通过比较产品的差异化和商品化，我们厘清了低价策略取得成功的几个必要条件。低价品牌既要让顾客感受到它们与其他产品的相似性，又要让他们感受到差异。宜家家居绝对符合家居产品的质量标准，但是又与众不同。如果产品质量与差异化策略并重（取得平衡），企业依然能够以低价卖出商品并且使得消费者无法比较他们购买的商品是否最划算。

这种低价品牌化策略可以为企业的商业模型提供第一道防线，但仍远远不够。低价策略之所以会成功，是因为经营者必须时时刻刻满足客户需求，这对买卖双方来说都是一个双赢并有吸引力的解决方案。但说起来容易，实施起来却不简单，所以我们还要谈到第二道防线，也是成功实施低价策略的秘诀。

规模至关重要。企业的成功势必要从世界各地的卖家那里取得原材料，这个过程非常复杂，而且成本巨大。该模式需要不停地快速应市场变动做出反应，即企业必须紧紧跟随不断改变的消费者偏好，控制供应链，有效管理库存，并顺利分销。这一切都需要优秀的设计师、运营专家和先进的同步信息技术支持。

企业龙头也很难把上述的事项全部做好。的确，随着技术和供应链自动化的商品化，这些商业模式变得更加脆弱，但它们仍然是可持续的竞争优势，保护企业的基本低成本策略免遭攻击。

"低价的平方"：每个环节都追求低成本

通常，只有较低的单位成本才能使持续实施低价策略成为可能。然而，一些企业通过一系列小幅的成本缩减，也取得了竞争优势。聚沙成塔，这些企业最终节省了巨额累计成本，成功打击了竞争对手，并为新进入者设置了较高的行业准入壁垒。我们将这一系列运作称为"低价的平方"。

许多追求低生产成本的企业能够取得低成本优势，但只是暂时如此。因为这些策略可被轻易复制，日常的低成本策略只能给企业带来短期的竞争优势。例如货板（一种便携的木质的包装平台），起初只是被高折扣零售商店用来存储货物，如今却在各大超市随处可见。廉价航空公司，如（美国）西南航空是第一批缩短飞机停航时间的行业先锋，但传统航空公司很快就复制了这种模式。

相较之下，持"低价的平方"策略的企业构建的商业模式、组织形式和企业文化引导企业在运营的每个流程、每个环节都追求低成本。深刻的成本意识构筑了更强的防护机制，比普通的"成本最小化策略"高明许多。这并非个别环节的功劳，是所有的环节紧密结合而一起创造的优势。

从采购到分销再到员工差旅预算，成本无处不在。我们追求的正是能够运用低价优势的多个运营环节；环节越多，竞争对手超越的难度就越高。

为了探究成本优势如何体现在运营的哪些细节中并最后形成强大合力，我们可以走进某家好市多超市进行调查。商店建筑是巨大的金属棚屋，选址在租金低廉的城郊甚至郊外，在那里电费也很低。

我们发现：几乎所有的商品都堆在货板上，没有摆放、库存或运输的成本。商店并不提供塑料购物袋，只收现金或好市多信用卡（从而避免信用卡渠道的扣点）。尽管每一个环节都微不足道，但积累起来，节省的成本非常可观，从而能够让公司专注地做一件事并将其做到最好：以最低廉的价格向客户提供商品。

一些传统零售尝试通过节约或其他能复制的方式，尽可能多地效仿好市多的运营方式，如使用货板。但这些零售商要么困于高昂的租金，要么为商品展示与摆放投入了大量成本。许多超市很早就接受了非传统支付系统，还有一些则因为自身规模所限，无法挑战好市多模式。

瑞安航空公司：削减成本、高折扣采购

瑞安航空公司的第一条航线是从伦敦的盖特威克机场飞往爱尔兰的第五大城市沃特福德（Waterfor）。1985 年，瑞安航空公司只有一架涡轮螺旋桨飞机。最初，瑞安航空公司专注于伦敦至爱尔兰航行市场。该市场历来由英国航空公司（British Airways）和爱尔兰航空公司（Aer Lingus）统治。瑞安航空公司花了 30 年，一条一条地开发航线，终于将业务艰难地扩张到了整个欧洲。现在，瑞安航空公司通过 72 个中枢机场，每天往返于 1600 条航线之间，客流量超过 9000 万人次。

瑞安航空公司实现惊人增长的基本原理就是大幅度降低成本，成为历来低效、资源耗费程度较高的行业中，以最低成本运营的航空服务供应商。瑞安航空公司的成功突出了大幅度降低成本的优势：除燃料之外，该公司的单位成本比最接近它的竞争对手易捷航空还要低一半左右，比挪威穿梭航空公司（Coast Air

AS）和柏林航空公司（Air Berlin）等竞争对手低一半以上。这些竞争对手的最低票价是瑞安航空公司票价的两倍。这就解释了为何瑞安航空公司在欧洲航空市场的份额仍然在继续扩大。

瑞安航空公司的低成本策略依赖其运营效率，最大的成本优势则是较低的机场起降费。瑞安航空从小型机场起家，并将机场所有者置于控制之下，这与行业传统恰恰相反。因此，即便主要的大机场提高了收费，瑞安航空公司也可以得到优惠。瑞安航空公司的第二大成本优势在于精明的机队采购策略。其他航空公司的企业文化都以飞行员（机师）为中心，热衷于打造由各种昂贵飞机组成的机队，但瑞安航空公司乘机打造了一支统一化机队。以 2003 年为例，瑞安航空公司在行业衰退之时，以低价购买了大批高质量波音 737-800s 飞机。这一大批量采购策略使瑞安航空从飞机制造商处得到了高折扣，并借此成立了一支自有的地勤维护队伍，其成本远远低于外包或其他的方案。

上述两项成本优势协同合作、互相促进，构成了瑞安航空公司无法撼动的强大竞争优势。由于飞机价格便宜，专飞小机场的瑞安航空公司才得以在向客户提供低价机票的同时保证一定的利润。瑞安航空公司逐渐统治了这些小型机场，并借此优势以更低的起降费与其合作，这种商业模式意义重大。未来八年，瑞安航空公司计划将机队规模扩大一倍。规模增长将延续甚至加大瑞安航空公司的竞争优势，因为没有任何一家航空公司的增长速度能够与其媲美。

瑞安航空公司因重新思考传统欧洲航空公司的格局以及致力于削减成本而闻名，它孜孜不倦地寻找着削减成本的方法。该企业的理念通常极具争议，但竞争对手总是紧随其后，复制其缩减成本的方法。如收取机上餐饮费、行李与机场柜台值机费、放弃高频客户优惠制、不再使用旅客登机桥等。这些大胆举措势必引发舆论争议，而且大多数声音持批判态度，但这也是一条吸引目标客户的捷径。如 CEO 迈克尔·奥利里解释道："无论好坏，只要讨论的声浪不断……就会把人们吸引到我们的网站上来。而我们并不需要给营销公司几百万美元便可做到这一点……收取厕所费仍然是增加媒体曝光率的最佳手段。我们从来没有刻意宣传，但这件事在社交媒体上每隔三四个月就会出现一次，媒体则立即发声，然后就有人为此而发表长篇大论。"[30]

作为"低价 +"的集大成者，瑞安航空公司继续发挥其竞争优势。最近，它凭借盈利能力与极具竞争力的成本意识，以远低于竞争对手的利率获得了飞机收购的融资。其他航空公司因为退休金等高昂的结构性负担而落败。瑞安航空公司也开始入侵大机场和商务旅行，大有取代欧洲各大现金拮据的传统航空公司之势。瑞安航空的低成本运营文化使其利润和资本收益在航空业中无与伦比。瑞安航空对收入增长的速度和稳定性感到自豪。过去十年，其收益增长了三倍。

富国银行：隐身的低成本赢家

银行业并非高品质公司的富矿，但其中也有少数隐藏的低成本赢家。作为行使社会功能的部门性行业，银行业集中了许多令顾客厌倦的因素：低差异化产品、高杠杆比率、监管、政府支持以及周期性。在会计操作中，银行的毛利以净息差表示，即存款利率和贷款利率的差额。净息差在很大程度上取决于不可控的宏观经济因素，而可用杠杆的方式则存在较高风险，如收取的利息过低或忽略了借款人的信用风险。其中，后者存在隐藏成本：贷款损失有时需要许多年的累积才会显现出来。的确，银行业可以一连几年地获得较高的净息差（Net Interest Margin）与利润，但并不是依靠优秀的银行家，而是通过轻率鲁莽的交易完成资本积累。

只有极少数银行符合品质投资的条件。而这极少的一部分就是所谓的低成本银行，如美国的富国银行和欧洲的瑞典商业银行。凭借其傲人的资产负债表，它们能够以较低的利率从存款人手中获得资本。比如，瑞典商业银行通过无担保债券和其他债务证券融资，并以低违约风险发放高质量贷款。低水平的融资成本使银行能够签下低风险的贷款合同，从而获取健康的利润。结合低营业成本，银行能够以低净息差获取可观收益。集低成本文化之大成的一系列特征，能够形成自我强化的良性循环。

鉴于银行业存在内在风险以及高品质公司必须秉承的高成本意识，在评估特定银行时，我们需要重点评估企业文化。如 2008 年金融危机对世人的警示，重复犯错的似乎还是那几家银行。因为管理层人员流动性较高，把一切错误归咎于管理层是不公平的。但企业文化就不一样了，它更加根深蒂固，深深地影响着银行和其他行业。我们稍后会更详细地探讨企业文化问题。

获取定价权

定价权是具有高吸引力的特征。如果企业可以定期在成本膨胀的基础上再额外涨价，也可以保证账本顶线和底线的增长。提价可以提高资本回报率，并无须额外的资本支出。但定价权对企业来说往往遥不可及。人们总是在谈论定价权，但拥有定价权的企业始终寥寥无几。

灰色地带：价格翻倍，销量翻倍?

在理想的竞争市场中，拥有定价权的企业能够在保证销量的前提下，大幅度提高产品价格。但在现实世界中，没有任何一家企业拥有这种绝对定价权。世界上是否存在将价格翻倍后销量完全不受影响的企业，很值得商榷。

定价权能够反映一款产品对次优竞争产品的相对价值感知。然而，取得定价权的根本问题在于竞争结构，而非产品类型。通常拥有定价权的企业都是垄断者或微型垄断者。

很多公司虽然有一定的定价权，但它们却对此保持低调。原因就在于它们跟市场垄断脱不了干系。这些企业意识到，客户、潜在竞争者和监管者对定价的内幕了解越少越好。为了达到上述目标，企业的惯常做法是，在提价的同时，强调产品的优化，进而让客户心甘情愿地付款。无论如何，正如之前的讨论，定价权的运用应以稳定的高毛利以及毛利的周期性增长为基础。

源自标准垄断结构的定价权极易识别，在大型垄断行业或传统垄断行业尤其如此。历史上的最佳案例，就是一些小镇上的独家报社，不过在互联网出现后，它们已经荣光不再了。这些经典的市场垄断者存在时，其商业特征可谓千变万化、各有不同，但其中一个反复出现的特征就是品牌力。

爱马仕：品牌形象与稀缺性打造的定价权

爱马仕的精品店占领了全世界各大城市的黄金地段，它的品牌就是良好声誉的代名词。然而爱马仕的起源却很亲民，从它那令人回味的商标便能略知一二。1837 年，蒂埃里·爱马仕（Thierry Hermès）在法国巴黎创立了爱马仕公司，主营甲胄和马具。如今，除了享誉全球的箱包、丝巾、领带和香水之外，你仍然能够买到爱马仕牌马鞍。经历近两个世纪的风风雨雨后，爱马仕公司仍然由爱马仕的后代拥有，他们使该公司卓越的长期目标深深地印在公司现代企业文化之中。

在让·路易斯·杜马斯·爱马仕（Jean-Louis Dumas-Hermès）的长期领导下，该公司已经拓展到世界各地，拥有300家店铺。1984年，在巴黎前往伦敦的航班上与知名女星简·柏金（Jane Birkin）短暂邂逅之后，让·路易斯·杜马斯·爱马仕设计了风靡全球的柏金包。与爱马仕所有产品一样，这款柏金包价格昂贵，高达数万美元。在更低的定价区间内，爱马仕丝质领带标价180美元。综观整个产品线，爱马仕的价格不仅比普通品牌要高很多，也比大多数奢侈品牌要昂贵。

如何解释这种高水平的定价权？其一，该公司产品的质量非同凡响。占据爱马仕产品线近一半的皮革制品都出自法国的资深工匠之手，而其他奢侈品牌早已开始将皮革产品的生产外包到低成本国家。爱马仕的某些产品，包括柏金包和凯莉包在内，每一件产品都由某位工匠艺人花费约20个小时进行人工缝合。无论皮质还是丝质，爱马仕只采用最高档的材料，同时与世界上最佳皮革厂和丝绸商发展独家合作关系，以保证材料供应。

其二，品牌形象至关重要。爱马仕的产品款式力求经典，而非跟风。事实上，该公司仍然使用鞍形针脚缝制。1918年，蒂埃里·爱马仕的孙子开辟了一条高档皮革产品和行李箱产品生产线时，这种技术达到了顶峰。为了严格控制品牌形象，超过80%的商品是从爱马仕自营店售出，这些店铺地点都是经过筛选的，其余部分则大多由国际机场特许经营店分销。爱马仕商铺的外观设计和内部装修是品牌的延伸，也是与消费者交流的关键环节。通过对销售员的专业培训，爱马仕保证了商铺卓越的服务水准。

其三，稀缺性能够巩固定价权。爱马仕为打造产能进行了大量投入，如训练新工匠，并希望以此支持公司增长，但又不希望将产能扩大到完全可以供应市场需求的程度。一般认为，爱马仕某些商品的预订名单只开放给熟客预订。对于一些备受追捧的产品，订购者最长要排队等上四年时间。

因此产生了被抑制的需求，而被抑制的需求同时还可以强化原本就相对不透明以及高水平的定价结构。许多爱马仕的店会有一些特别的限量商品，让顾客有非买不可的紧迫性，以提高顾客购买的紧迫性。某些产品的稀缺性更让它们成为收藏者追捧的目标。如最近在香港佳士得拍卖行的一次拍卖上，一只紫红色鳄鱼皮制爱马仕柏金包拍出了 22.3 万美元的高价。

由于拥有自营商铺网络，爱马仕全权掌控着产品的分销渠道，而这赋予其完全自主的定价权。爱马仕的产品几乎从不打折。随着物价上涨，其产品的价格也频频提升。**产品的需求价格弹性甚至为负，这揭示了一个近乎违反常识的事实，即奢侈品的价格越贵，其市场需求越高。**

这些营销特点的组合帮助爱马仕取得了无与伦比的定价权。这些收益在爱马仕引人注目的财务特征上体现得淋漓尽致。该公司的现金流异常强大且稳定，营业毛利超过 30%，投资收益率超过 30%；在过去 20 年间，其销量的复合年增长率高达 11%，情况最糟糕的 2009 年也高达 4%。优秀的财务表现映衬出爱马仕的卓越，体现了它的传统，表现出其充满创造性的历史以及对品质的承诺。

非绝对定价权：被市场低估的潜在金矿

非绝对定价权是一种更常见的定价权形式。企业因为精选的销售环境，享有一定程度的定价权。例如，航空发动机制造商享有对自身产品维修服务的定价权，但前提条件是产品销售，而在产品销售环节，则缺乏定价权。同样，与友好中间商合作的企业也拥有事实上的垄断，因此享有一定程度的定价权。由于非绝对定价权形式多样，没有统一的模式，所以通常被市场低估，但也因此拥有非绝对定价权的企业对品质投资者而言有着巨大的潜在价值。

产品价值决定价格

当企业能够为产品价值定价时，就出现了另一种形式的定价权。在一些案例中，价值定价的上升会引发一些企业的疑虑，但消费者仍旧照买不误。最显著的例子是计算机软件行业。软件供应商为软件添加一些无关紧要的功能之后，可能会大幅提价。

在其他行业中，价值定价一方面对顾客的意义更加深远，另一方面也难以被外行察觉。以耕种需要的作物种子为例。孟山都公司每年都会推出能够使农场产量增加 1% ～ 2% 的新种子。该公司采用与农场主分享价值的策略，每年的提价幅度相当于新种子能够为公司增加收入的三分之一，其余的三分之二归农场主所有。持续开发新产品，并进行价值定价的企业能够打造持久的定价权。

负面效应：恐怖的价格通缩

定价权存在更加凶险的负面因素：价格通缩。当某行业供给大幅增长并出现重大创新时，价格通缩就会发生。价格通缩的表现往往是十分显著的，比如说高科技硬件行业。

对某些行业而言，在某段时期内，短期乃至中期的价格通缩或许可以忍受，由于价格通缩引发的恶性后果可能被销量增长、运营效率提高或设备成本下降等因素抵消。但在较长时期内，这些企业的经济前景依然是负面的，这类行业中的许多企业最终会走向消亡。虽然我们清楚，或许自己会与潜在的长期赢家擦肩而过，但仍倾向于避免投资这类行业。

提升品牌实力：赢取消费者的爱

并非所有强大的商业品牌都是赢家。20 世纪 70 年代，泛美航空公司（Pan Am）登上了商业巅峰，成为全世界最知名的品牌之一。它是魅力与冒险的代名词。然而，卓著的品牌声誉并没有为泛美航空公司带来优秀的长期财务业绩。因为身处充满结构性挑战的行业中，其价值受到外部因素的强烈冲击，泛美航空公司终于在 1991 年走向终结。从航空公司到银行、从报社到通讯行业，尽管无数企业享有卓越声誉，但他们的财务业绩却相当惨淡。

家喻户晓只是品牌实力这条公式上的一小部分。成功的品牌往往在产品、设计以及形象等方面拥有一些差异化因素。**企业若想取得最终胜利，必须创造出与消费者的亲密关系，包括感情与理性。如果用更恰当的词来表达，那就是让消费者爱上它们。**

企业所属行业也成为构筑品牌实力的一部分因素。苹果公司（Apple）拥有疯狂的“果粉”，路易威登拥有终身追随者，但像法国航空公司（Air France）、三角洲航空公司（Delta Airlines）或美国银行（Bank of America）、汇丰银行（Hongkong and Shanghai Banking Corporation Limited，缩写为 HSBC）等商业机构并没有类似的粉丝群体。差异性与客户黏度（这两种模式与品牌力之间的联系非常紧密）能够使企业以较高的价格出售商品并获取潜在的市场份额。通常，具有品牌实力的公司都拥有独一无二的传统和悠久历史。

传统：愈久弥醇的品牌史

一些商业品牌的历史越久，便越受消费者欢迎。购买一条卡地亚项链，你收获的不仅是高级珠宝，还有可以紧随欧洲王室的脚步探寻一段历史。凭借过去数十年间电影明星和飞行员的宣传，雷朋飞行员眼镜（Ray-Ban Aviator Sunglasses）也从传统中获取了巨大利益。这种时间遗产不可能被模仿。无论多么庞大的资本，也无法复制那段独一无二的历史。

许多传统品牌还拥有另一个显著特征，即与特殊的地理位置相融合。例如，法律规定，只在法国某一特定区域酿造的酒才能称为干邑。有时，这种关联并不那么严格，但同样强大。瑞士巧克力听上去就比芬兰巧克力更美味，而意大利和法国的皮革制品总是被认为拥有比其他地区更高的品质。

信任与一致性

品牌是一种承诺，是对质量或某种特性的隐性担保。有时，这些承诺非常大胆，如宝马（Bayerische Motoren Werke AG，简称 BMW）的广告语：终极驾驶机器。不过，有时有些企业则要谦逊得多。然而，无论向消费者承诺了什么，企业都必须始终如一地恪守诺言。

麦当劳（Mc Donald's）在全球取得了前所未有的成功，其商业运作就建立在一条非常简单的公式之上：在清洁卫生的用餐环境中，为顾客快速提供价格低廉但品质始终如一的食物。虽然在发达国家的市场中，麦当劳因客户在食品健康方面关注度的持续提升而受到诟病，这给麦当劳带来了不利因素，但那条简单且经久不衰的公式使这个餐饮品牌在世界范围内取得了史无前例的成功。

帝亚吉欧：品牌实力带来经济效益的榜样

1997 年，酿酒公司健力士公司（Guinness）与大都市公司（Grand Metropolitan）合并成立帝亚吉欧公司。或许帝亚吉欧品牌相对年轻化，但其旗下的各个品牌都拥有卓越而悠久的传统，其中大部分甚至可以追溯到 18 世纪或 19 世纪。例如，珍宝威士忌（J&B whisky）于 1749 年在伦敦成立，1758 年亚瑟·吉尼斯在都柏林的圣杰姆斯门 (St James' s Gate) 酿出了第一批黑啤酒，至今健力士的黑啤酒都在同一个地方酿造；几家苏格兰酿酒厂成立于 19 世纪早期，如拉加维林（Lagavulin）成立于 1816 年，添加利（Tanqueray）和司木露（Smirnoff）等品牌成立于 19 世纪中早期。

上述以健力士为首的品牌都从悠久的历史以及成功的营销中，提取出巨大的品牌价值，即高水平的定价权和强大的盈利能力。苏格兰威士忌的事例足以说明，品牌历史如何同时驱动产品销量与价格提升。苏格兰威士忌是帝亚吉欧在新兴市场中最成功的品牌，它的利润占据帝亚吉欧毛利的三分之一。尊尼获加（Johnnie Walker）是帝亚吉欧最重要的苏格兰品牌。历史传承就是尊尼获加品牌号召力的核心。1860 年，尊尼获加首次销往海外，1879 年于澳大利亚首次获奖。尊尼获加的方形酒瓶非常出名，起初这种设计只是为了方便海运。

无与伦比的世界级品牌历史使尊尼获加取得了强劲的竞争优势。然而仅凭历史，无法拉动威士忌的销量。为了将尊尼获加的影响力最大化，该品牌得到了巨大且长期的资金支持，其投入水平之高，小品牌根本无法跟进。帝亚吉欧每年的广告营销便花费近 25 亿美元，定期宣传活动则往往得到广大的回响，并实现企业愿景。尊尼获加的“继续前行”活动引起了消费者的深刻共鸣，其品牌也成为苏格兰威士忌销售量与销售额的全球领导者。

以另一种角度思考，在苏格兰市场，时间也是帝亚吉欧的朋友。按照传统制法，苏格兰威士忌必须在苏格兰本地用酒桶陈化至少三年。威士忌陈酿的时间越长（通常超过十年），其价格越高。利用这一点，帝亚吉欧于 2014 年发布了 160 瓶 40 年陈酿布罗拉（Brora）。它们是迄今为止最为昂贵的单一麦芽威士忌，每瓶的零售价超过 10000 美元。

此处，时间条件就是严格的准入壁垒。如果新进入者想卖出陈年威士忌，必须在得到哪怕 1 美元的收益之前，投入巨额资本。然而，遥遥领先于市场需求埋下存货需要极富洞察力的先见之明，这意味着该市场供给侧只能是陈化时间更长、利润率更高的苏格兰威士忌。因此，帝亚吉欧在所有高价苏格兰威士忌市场的份额几乎达到 50%。悠久的历史传统、强大的品牌定位与严苛的准入壁垒，使帝亚吉欧在苏格兰威士忌市场享有高水平的定价权。近几年，苏格兰威士忌的收益为帝亚吉欧带来了 6% 的复合年增长率。

帝亚吉欧是高价酒品的全球领导者，市场份额约 30%。与竞争者相比，帝亚吉欧拥有更丰富的产品线以及更广的价格区间，这使其成为经销商的好伙伴，也是消费者的最爱。帝亚吉欧旗下的品牌往往在相应市场上排名第一，并且购买渠道多种多样。这些特性的作用相互加强：购买渠道的方便性证明了进一步营销投入的合理性，独立品牌的规模为营销带来规模经济，品牌实力的上升实现了更高的产品定价，而更大的规模提升了成本效率。

这种良性循环放大了个别品牌价值的效益，也解释了为何帝亚吉欧能够获得约 60% 的高毛利以及大约 30% 的营运利润率（营运利润率 = 营运利润 ÷ 净销售额）。帝亚吉欧旗下品牌不可复制的历史遗产成为持久的竞争优势，从而产生出傲人的财务业绩。对此，我们引用帝亚吉欧 CEO 最近的一段话来评论："健力士黑啤酒在租期 9000 年的都柏林啤酒厂刚刚生产 256 年：时间仍然是帝亚吉欧的盟友！"

危险的"新奇"，创新或是死局

在某些行业中，企业的历史无足轻重。现在，在视频游戏行业，任天堂（Nintendo）是一块响当当的招牌。在 1889 年最初成立之时，任天堂是一个纸牌生产商。直到 1977 年，它才推出第一款视频游戏，之后创造了诸如超级玛丽等标志性游戏角色。然而，在 Wii 帮助公司解套之前，任天堂陷入挣扎的泥沼。20 世纪初，市场的新竞争者，如微软的 Xbox 和索尼（Sony）的 PS 取代了任天堂的市场地位。微软成立于 1981 年，索尼于 1994 年推出 PS。虽然这两家企业的历史无法与任天堂相提并论，但这依然无关紧要。竞争者的卓越创新重创了任天堂的品牌吸引力。

任天堂的案例说明，**当日新月异的科技对企业效益产生举足轻重的影响时，企业品牌将更容易受到冲击**。因创新所带来的脆弱性不仅存在于科技行业，在其他行业中也非常普遍，比如变幻无常的服装界，创新是服装品牌的永恒挑战。

规模越有优势，营销越有优势

规模是取得品牌战略成功环节中极其重要的一环，它能为企业带来市场和销售两方面的优势。在化妆品行业，雅诗兰黛和欧莱雅等公司占据着大部分市场份额。上述公司拥有高额利润，可以投入巨额资金进行广告和促销活动。因此，与小型竞争对手相比，这些大型公司更易触及客户需求。在体育用品行业，耐克通过迅速提升曝光率，在给定市场对竞争者构成了重大威胁。为达成这一目标，耐克往往不惜重金邀请世界上最优秀的体育明星为产品代言。

分销也有类似特点。庞大的规模使企业得以控制其专有的分销渠道或精心挑选经销商。拥有较高市场需求的大型、成熟品牌，几乎不可能被新品牌所取代。对杂货店而言，顾客不会因缺少某品牌的卫生纸就弃店而去，但很可能因为买不到可口可乐而转投他人。

在吸引并维护客户时，分销与营销的组合优化极其重要。无论品牌大小，在全国性电视频道或杂志中投放广告的成本相同。对于低利润的小品牌而言，营销成本在其总收益中的占比可能过高。此外，与大型竞争对手相比，小品牌拥有的分销渠道往往相对狭窄，因而接触客户的概率更低，也意味着每一单销售背负着更高的成本。最佳的良性循环是，企业规模越大，广告营销带来的回报就越大。

强势品牌驱动增长

品牌力可通过创新与扩张不断增强。凭借强大的创新能力与营销手段，现有的强势品牌可以为新产品或品类注入成功基因。时尚潮流源自造型师的设计创新，商业回报将其发扬光大。对奥克利眼镜的颜色与造型稍加改变，许多人就会追赶潮流，买一副新眼镜。对陆逊梯卡等公司而言，不断变化的潮流几乎将墨镜这种低科技产品转变为源源不断的年收入。

同样，如爱马仕或路易威登等奢侈品牌的产品线，已经逐渐从极少数的奢华手提包和旅行用品扩张到成衣和墨镜。这种产品导向的转变并非重大研发预算的结果，而应归功于对现有品牌价值的深入挖掘。

试想，实行品牌化策略就能够将同样的产品卖出高价，这才是真正的商业壮举。将施华洛世奇水晶（Swarovski Crystals）镶到法国酩悦香槟的瓶身，然后将其包装为奢华礼品，最终这款商品的价格比原价高出数倍。

拥有较高社会地位的品牌通常是颠覆性创新的领导者。许多奢侈品牌的产品轻易地从手提包转变为香水甚至墨镜。然而，产品种类过多会冲淡品牌吸引力。路易威登只扩展到相关的商品类别，然而眼高手低的公司比比皆是。以皮尔卡丹（Pierre Cardin）为例：起初，作为名噪一时的高端时尚品牌，皮尔卡丹公司竟然生产如香烟和钢笔等各种低端产品。最后的结果不言自明，该品牌的声望从此一落千丈。

品牌矩阵的优劣两面

一些大型企业的绝大部分收益都源自单一产品，例如爱马仕、耐克和蒂芙尼（Tiffany & Co）。然而，还有许多企业旗下拥有一系列不同的品牌组合。最著名的两个例子莫过于宝洁公司和联合利华公司。在该企业旗下数百个品牌中，识别哪些强大、哪些易受攻击，难度颇高。**不过，通过评估产品分类，寻找那些拥有更持久、在经济上更具有吸引力的分类下的企业可以降低识别的难度。**虽然这并非铁律，但我们相信，个人护理产品或奢侈品牌的组合通常比餐饮品牌组合更能吸引顾客。

多样化品牌组合可以带来数种优势。首先，如果某些商品线遇到一些困难，公司旗下的其他品牌可以帮忙分担亏损，争取一点时间挽回局势。其次，品牌多样化可以逐步扩大企业规模，进而使广告、促销、研发与分销渠道更加高效。规模与品牌多样化组合可以为大型企业带来更多收购小型创业公司的机会。该策略具有双重回报：一方面有益于企业增长；另一方面能够有力打击竞争对手。在创新导向或品牌效应不稳定的行业里，这种策略尤为宝贵。利用公司现有的研究、创新以及分销能力能够增加收购（前景看好的、尖端的）品牌所产生的收益。

至于负面因素，相比运营单一或多个品牌，管理品牌组合需要更加全面的专业技能。同时控制多个品牌，特别是这些品牌横跨数个领域时，企业将面临定位模糊的风险，也可能使得管理力度太弱。此外，在资源管理层面，企业必须保证针对多条产品线进行最高效的资源部署。

产品寿命，市场是残忍的进化系统

评估品牌优势时，一个相对简单的方法便是检验其耐久性。市场是残忍的进化系统。为了在激烈的竞争，甚至你死我活的环境中存活下来，任何品牌都必须拥有一些特殊品质。数十年来一直保持着优势地位的品牌必然有其特殊性。尽管无法保证这些企业在未来不会灭亡，但其持久的号召力显然有助于继续存活下去。

创新，并不一定建立优势

拥有高毛利的企业可以为商业策略投入更多资本以维护其商业运作，实现规模增长。获得资本投入的领域包括研发、营销或分销。这些能够比对手投入更多资本的企业，因此发展出了一个良性的循环：更多的投入带来更高的毛利率，进而获得了更多的可投入资源。花在研发尤其是创新上的资金，是这一品质的重要构成。

创新文化：可口可乐没有品牌溢价?

创新优势不仅可以促进销量增长，还能赋予企业定价权。即使在产品设计或单位尺寸上进行相对简单的改变也价值千金。同一款产品，如果换成小包装（例如旅行装）就能拓展产品的使用场景，从而提高新客户或现有客户的使用率。将品牌进行重新分类便意味着通过新途径获取有效客户。

重视创新文化的企业魅力无限，特别是那些能够定期推陈出新的企业。相比旧产品，企业可以轻松为新产品拟定高价，以获取高额利润。现有客户弃旧迎新，很可能是受到更有吸引力的价格组合的吸引。此外，新产品还可以吸引新客户，进一步驱动销量增长。

创新必须能够转化成效益才能使创新优势有吸引力。并非所有创新都能令企业更上一层楼。在许多行业中，企业必须不停推陈出新来巩固行业地位。如果伴随创新而来的是利润下滑，比如新增销售量带来的无法覆盖的研发费用，那么该企业接下来必将仓皇应对自身蚕食效应，而非创造价值。

为了创造价值，创新必须推动销量增长，或将客户从企业的低利润产品引向高利润产品。在消费品行业，完成上述转换的惯常做法就是推出比现有产品更昂贵的升级版本。能够轻易拟定高价的产品，或者象征着较高的社会地位，或者具有良性的优势，让人们觉得此高价能够带来更多的好处。

在消费者对价格较为敏感或产品认可程度取决于口味的市场中，创新的最佳目标是实现销量增长，而非提高价格。在以往获得的经验中，有着鲜明风味的食品产品很难定高价，因为消费者习惯了某种早餐麦片、软饮或糖果的味道，商家很难说服他们接受不同味道的新产品。否则，为什么好客佳玉米片（Hospitality）、奇巧（Kit-Kat）巧克力或可口可乐等几款产品都不存在高端品牌？由此可见，许多食品产品的创新手段，无论采用新包装或者研发新口味，其目标均为推动销量增长。

对企业客户而言，创新产品必须带来切实的效益，比如可节省能耗费用的电气设备。由于企业买家通常是风险厌恶者，因此渐进式创新产品总是比颠覆性创新产品更受欢迎。颠覆性创新产品需要企业客户针对运营模式进行重大改变，而这将带来新的未知风险。

假如顾客对产品的兴趣很高，接下来的问题是创新的持久性。当产业的技术已经非常进步，难度就会增强，像是基本的计算器产业。行业本身的天花板比较低，就像麦片盒子，我们能做的只有这么多了。

产品创新的历史是未来道路上最好的向导。相比近来出现过飞跃的产品，在过去五年都未实现实质性进展的产品，很难在接下来的时间中进行持续且有价值的更新。此外，**在科技含量更高的类别中，产品创新的前景也更加乐观，例如个人护理产品。**在某些品类中曾有成功创新纪录的品牌，在其他品类中进行再次创新的可能性也更高。利洁时集团和高露洁集团的产品在一些看似乏味的商品品类中，拥有极其出色的创新历史，如牙膏、家庭清洁产品、感冒药以及足部护理产品等。

以研发为导向

在特定领域中，由研发带来的创新优势在那些对研发投入比例较大的企业中十分常见。我们希望准确定义这些领域，精确评估相对份额。如果领域定义的范围过于广泛（例如全球制药行业），那么几乎根本没有任何一家企业符合“研发费用占比较高”的要求。将分类细化（例如将肿瘤药物及糖尿病药物细分类）能够帮助我们更有效地评估哪些企业在行业内的研发投入占比更高。

高水平的研发份额无法保障长期可预测的产出，但它表明企业拥有一项潜在竞争优势。例如，在眼镜市场占据明显优势地位的依视路公司独自贡献了整体行业研发投入约 75% 的份额。优势企业通常拥有更广阔的创新机遇。相比研究范围相对狭窄的竞争对手，能够对化妆品新配方进行广泛深入研究的企业找到拥有优异商业前景的创新组合的概率更高。此外，同时开展多项创新研究的企业能够轻而易举地保持创新率。同时，某单个创新项目的停顿无碍大局，自有其他项目结出硕果。

范围较窄的产品组合将增加企业对重大突破性创新的依赖度。然而，即使确实能够实现突破性的创新，消费者的反应依然难以预测，因而它也不能保证企业的成功。此外，对突破性创新的良好预期令投资人无比亢奋，反而会抑制投资收益。

一般而言，渐进式创新产生可预测的收益增长。在过去数十年中，每年通过稍许改进、提升消费者效益的企业，很可能继续以相同的方式运营。相比之下，之前进行突破性创新的企业有可能无法复制成功的路径。另外，渐进式创新更容易被消费者所接受。企业通过不断改进产品性能，可循序渐进地将产品价格每年提高 5%。但如果企业在没有升级产品的情况下强行提价，会刺激挑剔的消费者考虑商品的性价比。

诺和诺德：随时准备改变并热爱改变

20 世纪 20 年代初，加拿大人弗雷德里克·班廷（Frederick Banting）医生和约翰·麦克劳德教授成功从牛胰腺中提炼出一种化学物质，这一壮举使他们获得了 1923 年的诺贝尔医学奖。这对搭档发现的物质就是胰岛素。早期，胰岛素对糖尿病的疗效显著，至今依然是糖尿病人的主要治疗药物。如今，全世界近一半的胰岛素市场均由同一家公司供货，那就是丹麦的诺和诺德公司（Novo Nordisk）。

诺和诺德公司诞生于 1989 年，由两家公司合并整合而成，使得两家本同属一家的公司，在分裂了几个世代之后重新团聚。20 世纪 20 年代中期，诺德胰岛素实验室于丹麦哥本哈根成立。

在一次内部分裂之后，首席工程师哈拉尔德·彼泽森（Harald Pedersen）与弟弟离开公司，成立了诺和医疗实验室（Novo Terapeutisk Laboratorium），与老东家分庭抗礼。

当诺德主导着斯堪的纳维亚半岛（Scandinavia）的市场时，诺和专注于海外市场的开发。在他们重新合并、结束60多年的竞争之前，都已发展壮大，在胰岛素市场中仅次于礼来公司，分列二、三位。现在，糖尿病药品已占据诺和诺德公司利润的四分之三。

如今，全球肥胖人数已超过6亿，并且这一数字仍在继续增长。在过去10年间，全球糖尿病发病率急剧上升。受全球肥胖流行病的影响，我们认为，糖尿病人对糖尿病药物的需求也将跟随该疾病诊断率的上升而飙升，因此需要更有效的糖尿病治疗方法以及照顾到更多的患者。毕竟全球只有不到10%的糖尿病人得到了有效护理。

诺和诺德公司凭借这些趋势获益良多。在过去10年中，其有机收益增长率高达12%，复合年增长率高达19%。上述皆为有利因素，然而，真正使诺和诺德公司攀上巅峰的是针对研发进行的持续而成功的投入。这是诺和诺德公司文化的重要组成部分。

诺和诺德公司，领先业界创下了多项历史性的突破，如1982年将猪胰岛素转变为人体胰岛素，1985年推出可供病人自行注射胰岛素的笔形注射器，如今诺和诺德公司引以为傲的一系列现代胰岛素产品横跨快速起效（膳食类）、基础和预配等类别。该公司最近的研究集中于改善现有药物剂量与研发新产品。处于研发至生产环节的产品类别也极其丰富，许多新近推出的产品都拥有更好的疗效，或者可以快速起效，或者药效持续时间更长。

2014年，诺和诺德针对研发环节投入近20亿美元，是20年前投入水平的6倍，这表明其持续投入力度与规模成比例增长。

资金对研发的长期支持表明，诺和诺德公司大部分拥有投票权的股份被诺和诺德基金掌控。该基金同时也支持科汉森公司的研发项目。

诺和诺德公司一贯的创新价值因其高效的产能实现了最大化，而这种高效产能本身就是规模经济的结果。遍布全球的广大销售网络使诺和诺德公司能够覆盖到庞大而分散的目标客群。无与伦比的竞争优势使诺和诺德公司的资本报酬率超过 70%。联合 2015 年超过 40% 的营业毛利与强大而稳定的增长历史，诺和诺德公司足以傲视所有大型欧洲企业。

前向整合模式

在适当的条件下，前向整合（Forward Integration）能够带来巨大价值。前向整合囊括了几种类型，即自营店、特许经营权、专利授权和线上销售。我们将在下文逐一探讨上述整合类型。通常，最成功的前向整合者是一些强大的全球性品牌，小品牌们都正在为商店招揽顾客或网站吸引流量而焦头烂额。想想过去 10 年间路易威登自营专卖店的扩张、耐克超过 10 亿美元的成功线上销售，或万豪国际酒店集团以及假日酒店集团（Holiday Inn）等连锁酒店品牌的强劲增长。尽管这些企业可能会面临额外资本要求或复杂性成本等问题，但无论采取哪种方式进行前向整合，其回报均堪称巨大。

战略价值：了解客户体验

前向整合使企业更好地了解客户体验。影响顾客购物体验的不仅是产品，还有品牌形象，甚至他人的建议与指导。**在零售店中，高明的**

推销手段能够激励顾客购买更加昂贵的产品并体验新事物，比如新衣服或新香水。能够控制实体店运营的企业也可以更精确地打造顾客的购物体验。

上述企业均凭借其定价权将产品直接销售给客户，而并未将这一控制权让给仓库、经销商或零售店。此外，上述企业在其实体店拥有微型垄断权，无须与竞争品牌或自主品牌争夺空间。

攻守转换点

前向整合能够巩固企业相对于竞争对手的地位。对某些企业而言，在合适的地理位置销售或促销产品事关品牌与声誉，比如纽约的第五大道（Fifth Avenue）、伦敦邦德街（Bond Street）或洛杉矶罗迪欧大道（Rodeo Drive）。没有地理位置优势加持，新品牌要花费许多年时间才能打造出提升实体店销售的品牌形象。

前向整合还可以帮助企业更轻松地进入新市场。拥有自营店以及各种基础设施的企业，更少依赖陌生人的善心提高公司利润。事实证明，在新兴市场中，在供应链中依靠伙伴或其他企业并非明智之举。原因是，很难证明它们的可靠性。我们认为，从零开始打造运营系统的企业比依靠与第三方合作的企业更容易成功。

前向整合能够帮助企业扩大对利益相关者的影响力，其他控制方法均无法达成此效果。世界级领先墨镜制造商陆逊梯卡凭借零售链而享有比竞争对手更强大的谈判地位。

特许经营权

假如特许经营模式的经济状况非常强大，则通常具有较高的吸引力。在其最纯粹的形式中，基于特许经营模式的企业通过第三方连锁加盟店获得增长以及理论上无限高的资本收益。就某种程度而言，特许经营是品牌力的极致体现：连锁店付费才可以获得品牌使用权，费用标准则由品牌的经济实力决定。

以假日酒店（Holiday Inn）为例。洲际酒店集团是假日酒店的品牌所有者以及特许经营权所有者。无论淡季还是旺季，连锁加盟店都需要缴纳约 5% 的收益，以便获得能够将假日酒店的旗帜插在酒店大门前的权利。

此外，加盟连锁店还可以接入洲际酒店集团成熟完善的中心预定系统以保障大部分业务的正常运转。结果便是，与竞争者相比，假日酒店加盟连锁店每个可用房间的收益水平得到了大幅提升。

由于在较长时间段内，营业额比净利润更稳定，因此对授权企业而言，基于营业额的特许经营费的可预测性更强。此外，授权企业的扩张只需增加少量资本，因为绝大部分资产，包括店铺、装修、设备、用具等，通常全部由加盟连锁店负责。授权企业的利润也非常高，洲际酒店集团特许经营部门的息税前利润超过 80%。一旦超过一定数量，增加特许经营收益所产生的增量利润便会非常可观。

成功的特许经营模式通常有两个特征：首先，品牌企业拥有强大的经济实力，能够使第三方支付特许经营费之后，还能获得可观的收益；其次，这一模式存在最低规模要求，即授权企业必须拥有基础架构来支持特许经营系统，以及强大的经济实力进行广告推广。

上述特征会随着时间的推移而逐渐成熟。大多数占据主导地位的特许经营企业的战略目标逐渐从赚钱以及打造品牌价值转移到开发自营批发商店。未成熟的新品牌很难吸引加盟连锁店。然而，只要存在合适的条件，加盟连锁店和品牌所有者都能得到实质利益。

线下体验和线上销售

显然，如今的商业企业必须以线上形式存在。然而，这种前向整合的类型并不一定带来成功。强大的全球品牌是好的起点之一。最好的例子当属如今赫赫有名的全球品牌——耐克。耐克和 Inditex 旗下的 Zara 线上业务的成功表明：那些已经在消费者心中树立了高大形象的企业，可以凭借上述策略获得高额利益。其次重要的是企业的物流体系及营运能力。直接面向消费者的在线销售将带来更复杂的交易流程以及更高的成本。如果上述业务能够利用企业现有的基础设施，其成功概率将大增。在这一方面的最佳范例仍然是耐克和 Inditex。

通过在线零售进行的前向整合也可以与线下的前向整合高效配合，如苹果零售店与雀巢旗下奈斯派索实体店等。在 21 世纪初，上述企业的自营商店，其中一个销售 iPad，另一个贩卖咖啡，这对它们来说都是一个里程碑。苹果公司和雀巢公司均凭借在精心挑选的地理位置开设实体店加强客户体验、服务与引导。如苹果商店里的天才吧和奈斯派索（Nespresso）实体店里的免费咖啡。配合强大的线上供应，零售店既帮助企业建造了一个能近距离了解和控制客户体验的强大生态系统，同时又通过剔除中间商而增加了利润。

陆逊梯卡：前向整合，直通终端消费者

1961 年，陆逊梯卡以小型部件制造商的身份进入意大利光学器材行业。今天，陆逊梯卡或许并非家喻户晓的品牌，但在高端眼镜和墨镜市场中，已到处都是它的身影。

陆逊梯卡旗下拥有奥克利和雷朋等众多标志性品牌。最引以为豪的是星光熠熠的特许经营授权组合，包括阿玛尼（Armani）、宝格丽（Bulgari）、巴宝莉（Burberry）、香奈儿（Chanel）、拉夫劳伦（Polo Ralph Lauren）和普拉达（Prada）等。最近几十年，该公司通过一系列大胆而精明的商业拓展，已然成为所在行业的全球重要领导者。

陆逊梯卡凭借成功的前向整合策略，数十年前从生产（眼镜框）开始起步，今天则横跨整个价值链，直通终端消费者。陆逊梯卡的前向整合始于 20 世纪 70 年代，当时除了产品制造之外，还将批发分销纳入了业务链。起初，陆逊梯卡这一动作针对意大利国内市场，然后在 20 世纪 80 年代开始扩张至国际市场。这一改变使陆逊梯卡能够更高效地利用卓越的生产技术，通过加强对客户关系的控制而获得利益。

1995 年，陆逊梯卡开始了下一步动作，该动作十分符合逻辑：收购著名的北美光学器材零售商亮视点公司（Lens Crafters）。由此，陆逊梯卡成为世界上第一家拥有零售能力的眼镜制造商。随着该策略的成功，陆逊梯卡进而大幅扩张零售计划。现在，陆逊梯卡旗下的零售品牌包括 GMO、OPSM、配立得（Pearle Vision，北美）和最重要的 Sunglass Hut。

陆逊梯卡通过前向整合提高了自身盈利能力。整合后，在包括设计、制造和品牌所有权在内的价值链中，损失的价值变得更少。同时，这又使该公司提高了品牌知名度，得以引导时尚潮流。陆逊梯卡几乎无须担心落后于潮流，因为它本身就是潮流制造者。

拥有零售商店保证了产品分销渠道的畅通，这种益处可以细化到货架摆放、店面营销以及培训专业知识丰富的专业营销员。特许品牌看中的就是陆逊梯卡的分销能力。拥有零售商店意味着该公司能够比单纯的生产商对消费者需求产生更敏锐的洞察力，也可获得在设计环节中的决策优势。

在整条价值链中的优势使陆逊梯卡处于统治地位。无论哪种类型的收购，它的平台能够保证并购效果远高于竞争对手。例如，新收购的品牌可以通过陆逊梯卡超过 7000 家自营商店以及分布在 130 多个国家、超过 15 万个销售点分销。新授权的品牌也可以享有这一益处。收购一家零售商之后，陆逊梯卡能立即为该商店提供无与伦比的产品组合，同时开设实体店和网上商城。这种超一流的运营手段使得任何独立企业一旦加入陆逊梯卡大家庭后，其价值立即实现大幅增长。

前向整合零售不一定会为制造商带来超额的效益，因为基础固定成本会增加，削弱企业在风云突变的行业中必须拥有的灵活性，也可能被需求涨落不定的弱小品牌绑架。然而，眼镜行业相对稳定，陆逊梯卡得以将复杂的制造流程及后勤与强大的品牌组合联合起来。你能想象一家高档墨镜店竟然没有奥克利或雷朋吗？陆逊梯卡的独特定位带来了强劲、稳定的有机销售增长以及可持续的高资本收益率，此外，丰富的现金流又可以继续支持其收购盛宴。

攫取市场份额

企业品质的一个基础的衡量指标就是其获取市场份额的能力。拥有产品或管理优势的企业（产品质量或者价格优势），应定期从竞争对手那里争取新顾客，并扩大对现有消费者的控制。

市场份额的力量

扩大市场份额能够驱动企业增长。通过争夺竞争对手的客户，这种增长可以从整体市场的增长中隔离出来，从而减少对宏观经济因素的依赖。

市场份额的增加可以巩固企业以规模效应为基础的竞争优势。在竞争者当中，规模最大的企业几乎在所有部门都投入了更庞大的预算，无论研发或营销。相比小型企业，经销商更重视大型企业，尤其是那些处于市场增长阶段的企业。

此外，还存在更为精妙而广泛的光环效应可以带来额外价值：供应商、经销商和员工等大多数利益相关者都喜欢与赢家合作。他们都倾向于勤勉地工作，以维持自己和赢家企业的良好关系。

一条存在例外的法则

在短时间内，始终如一地扩大市场份额的法则也存在一些例外。企业面临成本急剧增加或许会明智地选择提高产品价格，但这也意味着要付出失去一定市场份额的代价。在这些案例中，放弃部分市场份额或许是更理智的选择。

同样，除了决心成为低成本生产者的企业之外，我们对不惜牺牲价格和利润来扩大市场份额的企业要十分警惕。这样的举动让人不禁怀疑到底该品牌能够为消费者带来怎样的实际利益。如果仅凭价格调整便使市场份额产生明显波动，那么显而易见，顾客最看重的是产品价格，而非其他效益。

在重要商业周期内，企业增长与市场经济状况存在脱节的行业，其短期市场份额实现增长反而不利。以保险或银行贷款为例。银行希望扩大在贷款市场的份额，非常简单，下调信用标准即可。然而，该决策的风险在违约发生之前，会沉寂数年之久。

2008 年金融危机的核心便是信用违约掉期。同样，保险公司可以通过放松承保原则，迅速扩大市场份额，但随之而来的损失直到索赔申请发生时才会显现。在这些情境中，市场份额必须以长期视角分析。尽管高品质企业的份额在长期内呈增长态势，但在上述行业中，它们或许会在经济繁荣时期放弃部分市场份额，而在经济萧条时期扩大市场份额。

菲尔曼：从竞争对手处攫取市场份额

发达国家近一半的公民，早晨起来第一件事不是检查邮箱，而是寻找能让自己看清这个世界的装备：眼镜。眼镜已经从一种医学必需品变成时尚配件。在宣传最新款式眼镜的海报上，全都是魅力四射的明星。然而，情况并非向来如此。

20 世纪 80 年代，发达国家民众的医保仅覆盖少部分无趣、单色和落伍的镜框。视力受损的人想要配一副质量尚可的眼镜，要承担相当高的费用。

这导致许多人只能忍受戴廉价眼镜的耻辱。眼镜制造商则享受现状，因为在目前这种情况下，它们可以把时髦眼镜的价格抬得很高，只需每天配几副眼镜，就能享受舒适的生活。

在德国，一个名叫京特·菲尔曼（Guenther Fielmann）的人掀起了变革。他于 1972 年开设第一家眼镜店。起初，菲尔曼的策略是以低价销售时尚眼镜，放弃每单位产品潜在的高额利润，以驱动销量增长为主要目标。德国人天生对价格敏感，因此菲尔曼商店里物美价廉的眼镜成功吸引了大量顾客。菲尔曼乘胜追击，继续开设了一系列连锁店。随着销量增长，他对采购条款进行了调整，将批发商排除在外。

然而直到 1981 年，菲尔曼才实现了重大突破。他与德国健康保险公司（German State Health Insurer）达成交易，以等同于现有几款标准眼镜的价格，向消费者提供约 90 款更时尚的新镜框。

这是一个妙举，突然间大量顾客可以通过第三方（医疗保险）支付购买各种时尚眼镜。眼镜销量飙升，菲尔曼利用此次良机，进行后向整合，打造了自有的镜框和镜片品牌，并优化整个零售流程。更低的价格、高超的营销与零售完美整合，菲尔曼一举成为市场领导者。

如今，菲尔曼在德国眼镜市场的份额超过 50%，而在取得这一成绩的同时，其店铺覆盖率却只占市场的 5%。

拥有规模以及整合等方面的成本优势后，菲尔曼的单位成本预计只有竞争对手的四分之一。此外，由于菲尔曼的眼镜店只占市场上眼镜店数量的小部分，其固定成本也相对较低。总而言之，菲尔曼眼镜每家店铺每天的销量超过竞争对手的 20 倍，同时产品单位成本和企业日常开支则远远低于市场平均水平。因此，尽管菲尔曼眼镜价格较低，但我们估计，菲尔曼每副眼镜的净利和竞争者一样，不过利润率却高了将近 20%。

菲尔曼堡垒式的市场地位，得到了另外一种优势的巩固，那就是在劳动力市场中的领导地位。眼镜行业发展的一大障碍是缺乏高质量从业者，而德国眼镜业的失业率仅仅略高于 1%。其中部分原因是德国的法律要求眼镜店必须由大眼镜商开设，而一家企业至少要三年乃至更长的时间才能发展到这一步。在竞争对手苦苦挣扎时，菲尔曼开设了一个眼镜技师训练营，每年培养 3000 名专业眼睛护理人才，总计约占眼镜行业学员的 40%。

德国眼镜行业似乎并非最火热的增长市场，而事实也的确如此。但优秀的产品品质使菲尔曼在过去几十年内市场份额每年以 1% ~ 2% 的速度增长，极具吸引力。份额增长可以带来可观的长期复合收入增长，菲尔曼每股利润在过去一段时间内增长了三倍。

由于增长的资本需求有限，每股派息率高达85%，不过菲尔曼的现金非常丰沛，无须担心。同时，该公司的成本或价格优势并未出现任何减弱的迹象。的确，给定菲尔曼对劳动力市场的影响力，其未来市场份额增长很可能保持以往的强劲势头。

全球化能力和全球领导力：乐购之殇

历史上，美国国有企业在国内的专营权屡屡受到外国竞争者的侵蚀。20世纪80年代，在日本制造商带着品质更高、价格更低的电子消费品进入全球市场后，欧洲电子消费品制造商全军覆没。90年代，以伦敦为中心的英国金融圈，发现美国的投资银行积极地闯入他们的地盘后，感到震惊。

其他强大的本土企业尝试将其势力范围扩张至海外，但以失败而告终，因为他们无法将商业力量移植异地。最生动直观的例子是乐购超市。乐购超市在英国本土风生水起，但在走向国际市场时却不遂人愿。

我们找出了能够将实力成功外扩，进入并征服海外市场的企业。它们的共同模式是具有明显的全球化能力，并且拥有行业领导地位的加持。成功的全球性扩张往往能够反映企业自身的一系列商业素质，主要包括经验、产品差异度以及适应能力。

对于全球范围的行业领导者来说，我们更多的是指产品差异化和商业模式，而不是规模。全球行业领导者的商业模式和产品必须位于其他所有市场竞争者之上。例如，劳斯莱斯的发动机能够完全傲视普惠（Pratt & Whitney）、通用电气（General Electric）等美国同行。尽管劳斯莱斯公司无法在每一个领域都战胜竞争对手，但依然拥有较高胜算。

关注企业全球领导地位有两个原因。

首先，我们并不能理所当然地认为，国内行业巨头在国际上也具有同样的影响力，因为国外存在许多同等水平甚至更为优秀的同行竞争者。尽管国际上的潜在竞争者选择不进入国内市场，但他们的存在就代表着难以量化的巨大风险。具有本土优势的企业，比如拥有规模优势的零售商，也将受到影响。西班牙和英国的超市显然深受德国高折扣零售商的冲击。

其次，强调企业全球领导地位与扩张能力息息相关。缺乏行业领导地位的助力，在进入新市场的过程中举步维艰。如果某企业的产品能够像征服波士顿的消费者一样征服北京的消费者，这无疑是一个巨大的加分项。

企业拥有优秀全球化能力的一个指标便是能否成功地将其商业模式在不同的社会环境进行实践，例如从国内转移到国外，并进行调整适应。许多欧洲企业均以小国家起家，因此他们经常被迫适应新市场。亚萨合莱和阿特拉斯·科普柯等瑞典工程公司的全球扩张就是最好的案例。壳牌公司（Shell）、雀巢和联合利华等更大的欧洲企业早在几十年前，世界大部分地区都处于欧洲影响之下时，就不断增强其全球化能力。我们将这种经验视为优势，它能为企业打开一扇稳定增长的大门，而这是拘泥于地区限制的企业无法拥有的良好品质。

适应全球品位、文化并应对物流挑战的意愿和能力至关重要。以旗下拥有肯德基（KFC）和必胜客（Pizza Hut）等品牌的百胜餐饮集团（Yum!）为例。

迅速瞥一眼北京的肯德基或必胜客的菜单，我们就能发现，这些餐厅为迎合当地消费者的口味付出了诸多努力。除了美国顾客喜欢的传统鸡肉和比萨饼外，肯德基和必胜客为迎合当地人的需求，推出了一系列中国传统食物，如米饭、汤和粥等。这种适应能力通常是经过反复地尝试、犯错以及时间的累积而成，耗费的时间相当长。肯德基和必胜客从 20 世纪 90 年代起就在中国开设连锁店。上述努力产生了意义深远的回报——百胜集团成为中国最大的餐饮行业经营者。全中国共有约5000家肯德基分店和约1700家必胜客餐厅。

INDITEX：全球化能力构筑“快时尚”风向标

1975年，阿曼西奥·奥尔特加·高纳（Amancio Ortega Gaona）在西班牙的拉科鲁尼亚（A Coruna）开设了第一家Zara商店，专售物美价廉的流行服饰。至今为止，该商业策略仍保持不变。不同的是，Zara的母公司Inditex已经成为真正意义上屈指可数的全球时装零售商。这家公司的规模值得钦羡。2014年，Inditex遍布全球的6683家店铺共同创造了200亿美元销售额，售出超过10亿件服装。Inditex公司的创始人仍然拥有该公司近60%的股份，位列彭博全球亿万富翁排行榜第二。

1988年，Inditex在葡萄牙的第一家店铺开业，这是该公司在西班牙境外开设的第一家分店，也是其稳定的全球化步伐的第一步。Zara是此次扩张的核心，它的销售额占集团销售额的三分之二。然而，Inditex也成功地推出了另外七个品牌，包括专注于高端市场的Massimo Dutti以及面向年轻化市场的Bershka。如今，Inditex的业务遍布全球88个国家，81%的销售额均来自于西班牙国外。作为对比，H&M和Gap等竞争品牌的店铺数量仅为Inditex的一半左右，分布在55个不同的区域性市场。

Inditex是服装全球化的受益者。然而，该公司剧烈的国际扩张以及在同行竞争者中始终如一的优秀表现，反映出其独特的“需求驱动”模式（Demand Pull），以及它对整个服装价值链（从设计到销售）的严格控制。

其他服装零售商几乎都是冒着过时的风险提前一年向供应商

订购，而 Inditex 相反，它只有不到一半的产品提前一个季度向供应商订购，这令店面经理拥有足够的灵活性，根据需求变动连续不断地增添热销商品。Inditex 的每一家店铺，每天都利用先进的算法来分析销售额以优化库存组成。

每两周进行一次单店铺供货，每次供货量都不多，这样可以保证店铺中展出的服装都是受欢迎的款式。该系统帮助 Inditex 规避了落后于时尚潮流的风险，并可以根据当地变幻无常的天气进行调整。Inditex 在不同国家展出的服装有共同特点，但又根据当地的文化风俗进行了一些调整，比如远东地区的西装尺寸要稍小一些。需求拉动模式对 Inditex 全球化的成功，可谓功不可没。该模式使 Inditex 公司调整产品，适应不同国际市场的本地偏好。

服装行业的大部分竞争对手都从远东地区寻求供应商，而 Inditex 公司三分之二的库存商品的产地都位于西班牙主分销中心附近的地区，如摩洛哥。这使 Inditex 公司的产品从设计到店铺上市的时间整整比市场快了四周。公司内部的设计部门连续不断地调整畅销服装款式，并推出新产品。事实上，超过 80% 的新产品都是根据店铺反馈数据设计而成。Inditex 公司产品全价售出率超过 80%，明显优于行业平均的 65%。

Inditex 的分销速度非常快。大多数货物都是直接从西班牙的分销中心运往门店销售。在欧洲以外的地区，Inditex 均以空运方式运送货物，以保证最快的运输速度。支撑这一切的基础是该公司在技术创新环节持续不断的投入，主要包括自动化分销中心和全球标准信息技术。此外，店面经理的奖金也超出市场平均水平，他们对本地市场有着深刻的了解，保证了店铺的高销售密度。

Inditex 的店铺大多位于黄金地段，加之不断变化的服装陈列风格，共同组成了该公司的主要营销手段。每家门店的高毛利加上微不足道的本地基础设施投入要求，以及并不依赖于广告营销的商业模式，使 Inditex 轻松进入了新市场。

无论是巴拿马境内唯一一家 Pull & Bear，还是纽约的 Zara 旗舰店，所有店铺都可独立盈利。

Inditex 独特的快时尚运营模式产生了高毛利。自 2000 年以来，该公司销售额的复合年增长率高达 15%，税前收入的复合年增长率高达 17%；每家店铺的销售额增长率平均达到 5%，并一直呈持续正增长态势。尽管 Inditex 的规模宏大，由于该产业高度分散的特性，Inditex 在大多数国家的市场份额都不足 1%。Inditex 进一步扩张的道路依然光明。

企业文化，识别高敏感性品质企业

高品质的企业往往都倾向于拥有一个以一种价值观为核心的企业文化，并以此引领它们走向成功。每家公司的价值观都不尽相同，其中包括低成本供应商的成本意识、研发需求驱动型企业的科学好奇心，以及专门提供第三方信用质量或财务报表认证的协同生产企业的团队精神。

在研究公司企业文化时，我们当然考察了管理层，但我们同样要重视其他群体提供的信息。供应商或顾客的反馈反映了一家企业首要的事务、规范以及价值观等问题的管理经验。前员工能够揭示出公司值得玩味的隐藏特质。或许，他们在讨论企业文化时，各有各的目的和动机，但集合大量不同视角的观点，有助于我们客观评估一家企业。

可信赖度，细微之处见品质

高品质公司一贯以值得信赖的面貌出现。我们将投资视为长期关系，其核心就是相互信任。信任以真诚和正直为基础。与其他投资者一样，我们竭力避免将资金投向惯于欺诈、蔑视荣誉的组织。幸运的是，彻底堕落的企业文化极其少见。在商界，总有某些人或某些公司格外值得信赖。其中的差异往往体现在企业文化的细微之处。

最普遍的例子便是处理坏消息的方式。一些公司倾向于模糊或阻挠对其不利的报道出现，还有一些公司则迅速、直率地公布这些不利进展。尽管人们将处理不利舆论事件视为企业与社会的沟通或法律事务，但这对企业的可信赖度产生了深刻的影响。**开放、坦率地面对舆论的企业文化健康有序。企业处理分享对外信息的方式往往能够映射出企业的内部管理情况。**对市场导向理解错误的经理人通常会使员工误入歧途。同样，我们欣赏敢于积极承认错误并从中吸取教训的公司。因为这些动作表现出了企业敢于尝试，并从中实现自我提升的企业文化。

如何体现长远视野?

经营公司是一项长期事业。产品研发需要时间，赢得消费者信任、在新市场扩大规模更是需要年月的积累。我们寻求具有长期视野的企业文化，以及追求长期价值创造的公司。这些公司意识到成本效率的重要性，并专注于长期的稳定增长和资本收益率。

通过削减成本，一家公司可以轻易达成短期收入目标；收入额增长目标也可以通过非常积极的收购策略完成。但我们推崇从持久经营的角度出发，将资本分配到有机资本支出、研发和营销以驱动长期增长的公司。虽然媒体和分析师最关心公司的季度每股收益，但我们更重视那些拥有高资本收益率的企业。

通常情况下，我们也喜欢用资本收益衡量业绩，不仅面向为高管发放奖金的公司，而且面向对整个组织发放奖金的公司。这一指标暗示，相比那些奖金只与公司收入增长挂钩的商业团体，这种公司的企业文化更加长远，内涵更加丰富。

怎样衡量企业的执行力？

能够准时并严格按照计划完成目标的能力甚为宝贵。按时执行计划的特点通常镶嵌在公司文化中。如果没有这种文化，那么一旦项目截止日期已迫在眉睫，或积压过多工作，工人将会质疑，为何在其他人早早回家时，自己却要加班至深夜？我们寻找的是鼓励并奖励员工勤勉工作的公司，在这种氛围中，员工乐于付出更多努力。

我们可以从几种迹象判断一家公司的执行力。例如，擅长执行的公司基本不会发生“意外”。它们不会突然宣布在最新的通信技术研发环节出现巨大成本超支，或最近才发现两年前的一次收购有重大问题。它们是遵守诺言的公司，无论承诺大小。这并不意味着它们能够永远完美地完成计划，只代表无法如期完成的情况比较少见。更重要的是，当情势危急时，这些公司总是可以迅速找到问题所在，并立刻修正。

拥有较高执行力的公司通常极其了解所处的商业市场。向这些公司提出关于某一市场或区域的详细问题时，他们总是能够给出满意的答案。这是将执行力放在企业文化首位带来的有利的附加效果。一般而言，拥有较高执行力公司逐渐建立了一种稳定、可以稍作调整的管理模式，如更新系统或改变离岸外包地址，而非时常进行重大重组，或经常变动企业蓝图。

自我永存：文化是价值的延续

行业和公司倾向于招纳个人品格与企业文化相匹配的人才，比如创造性。在设计女装时，创造性是一项优点，但如果换成建造核反应堆，丰富的创意恐怕并非长处。同样，深刻的成本意识文化对低成本供应商至关重要，不过对奢侈品牌的代理商而言毫无必要。由此可见，企业文化往往是企业价值导向的延续。

如果企业作风令人疑虑，更容易吸引一些会规避道德问题和行为不良的员工。在默许有偏差行为的公司中，清楚如何歪曲规章制度的员工更容易生存，甚至取得成功。

家庭企业的优势：专注于长期价值创造

在过去十年间，我们调查了许多家公司，其中大多数公司的所有权在跨代的家族手中。这表明我们追求的一种特质，也是家族企业的一项优势：专注于长期价值创造。

此外，大多数长久经营的龙头企业会避开过高的债务杠杆，利用留存收益而非连续的股权融资实现增长。[31] 家族企业当然会遭遇失败，有时创始人会对家族第二代或第三代管理者赋予厚望，但后者却无力承担重任。**我们一定要注意区分“家族所有”与“家族运营”的区别。大部分研究结果证实了我们的推测，即家族持有的企业的企业文化基本能够符合品质投资的标准。**

麦肯锡公司发布的一项针对全球组织健康的研究报告称，家族持有的企业的企业文化非常优秀，员工工作积极性较高，管理层的领导能力也很强。[32]

马德里 IE 商学院的另一项研究发现，由家族掌控的欧洲企业在市场评估、收入增长和资产收益率等方面优于竞争者。[33] 尤为值得注意的是，该结论跨越了地理位置和行业的限制，证明了以上是家族企业的独有优点，而不限于特殊区域或行业。

瑞典商业银行：企业文化引领逆境中的利润飞升

在 2008 年金融危机期间，全世界的银行沦陷时，瑞典商业银行却趁此机会，实现了逆向增长。我们在瑞典商业银行的员工态度以及企业文化中找到了端倪。

瑞典商业银行成立于 19 世纪 70 年代，而这家银行现在的企业文化则于 20 世纪 70 年代由 CEO 扬·瓦兰德（Jan Wallander）一手创建。瑞典商业银行的格言是"分行代表总行"（The Branch is The Bank），它反映了该银行彻底分散化的管理结构。分行经理负责分行的所有运营决策，比如人事、产品供应、客户推销和管理。因此，每位分行经理都对分行的盈亏负全部责任，而不会将责任推给其他部门。

对当地情况了如指掌的渗透力以及清晰的责任界限，造就了瑞典商业银行出众的信用损失表现。此外，这也令瑞典商业银行始终如一地在客户满意度调查中排名第一。上述因素同样解释了为何瑞典商业银行能够成功地按照逆银行业潮流趋势发展。当竞争对手纷纷关闭分行，将客户关系集中管理时，瑞典商业银行反其道而行之。

其他银行的高管奖金机制鼓励员工采取高风险的运营方案。瑞典商业银行则不会向高管或冒险者发放任何奖金。相反，瑞典商业银行为所有员工提供了利润分享体系，其中大部分被投资到瑞典商业银行的股份。最终，员工变成银行的最大股东。这种经营结构培养了员工的忠诚度。瑞典商业银行的员工流动率远低于业界平均水平。

规避风险深深印刻在瑞典商业银行的企业文化中。其管理哲学为：只在占据明显优势地位的领域冒险，其他领域的风险则一概最小化。瑞典商业银行一贯以相当保守的流动资产组合运营，同时拥有最高水平的资产比率以及相比同行更长时间的资金来源。与大部分欧洲大银行不同，瑞典商业银行倾向于规避高风险、投机性的财产交易。

上述企业文化的特质使瑞典商业银行在 2008 全球金融危机期间，成为其他银行与全球银行系统的净借出人，甚至借款给瑞典商用银行。在 20 世纪 90 年代的一次金融危机使瑞典银行饱受折磨，瑞典商业银行依然是银行业的一面旗帜。当时，它是唯一没有接受国家援助或被国有化的银行。

风险规避的管理导向同样也明显地体现在瑞典商业银行的增长过程中。绝大部分欧洲银行的扩张均通过收购或对东欧及新兴市场的投机性资本配置达成，但成效不彰。瑞典商业银行的商业模式使其能够在更安全、更稳定的市场追求利润颇丰的有机增长，这些市场包括北欧国家以及最近的一次在英国。

瑞典商业银行的财务收益反映出独特的经营结构与其商业触觉：稳定的有机收入增长以及有规律的市场份额增长，使得瑞典商业银行在过去 43 年中，每年的净资产收益率都超越了北欧同行。

自 2007 年末开始，瑞典商业银行的股东复合收益（股票增长加股利）达到 15%。现在，绝大部分欧洲银行的收益都要低于 2008 年金融危机爆发之前，平均股价遭遇腰斩，但欧洲商业银行的收益不降反增，其股价上涨一倍。以上均为企业文化带来的回报。

复制的成本：要想得到，打个颠倒

在评估竞争优势持久性的众多方法中，逆向分析是一种巧妙的方法。

我们并不会探究是什么在支撑这项竞争优势，而是专注于分析新竞争对手如果希望复制这项竞争优势，他们需要付出多少代价。这种分析通常能够揭示出有助于准确评估公司品质的特质。

此处试举两例。在烈性酒类行业中，无论品牌多么强势，白酒类市场被破坏的风险始终高于棕色烈酒。新进入者能够凭借高明的营销手段与雄厚的财力，打造颇具竞争力的金酒或伏特加品牌，但若要以同样的方式挑战干邑或威士忌市场，难度则大幅提升。其中一部分原因是，棕色烈酒需要陈化。竞争者如果尝试打造值得信赖的棕色烈酒品牌，不仅需要创造力和资源，更需要不同寻常的耐心——通常陈化过程至少需要十年。从另一个角度来看，白酒市场，在一个月内，生产商就能把一堆土豆变成一堆现金。

第二个例子，我们回到航空发动机制造业。较之其他行业，航空发动机制造业所需的资本过于庞大，使得市场准入壁垒几乎成了不可能。在过去十年间，发动机行业已在研发领域投入数十亿美元。这些投入产生了大量新竞争者难以匹敌的专利技术。此外，发动机维修业务也是该行业稳定的收益来源，大幅延长了商家回收投资的时间范围。此外，该领域的创业公司必须克服市场对老牌制造商的极大黏性，比如空中客车和波音公司都有坚定的支持者。

益博睿：令人生畏的复制成本

英国征信行业的历史可以追溯到1803年。当时，一群来自伦敦的裁缝开创性地共享欠债不还的顾客信息。1826年，鼎鼎大名的“保护商人不受骗子、诈骗犯等欺诈人士之害的卫士社团”在曼彻斯特成立。19世纪末期，几家信用机构在美国成立，包括吉姆·克林顿的商人信用协会，这些机构会向订阅者提供每年印刷一次的年度信用名录，并开辟了两大先河：同时收集正面信息和负面信息，并说服商人会员向协会秘密分享信用信息。

多年以后，克林顿的公司和曼彻斯特的社团都成为益博睿公司的一部分。益博睿是当今信用调查报告行业的全球领导者，它的主要资产是过去几十年通过金融机构、零售商、公共机构和其他债权人机构收集的庞大的消费者信用数据库。为充实该数据库，益博瑞从许多公共资源及独家资料集收集广泛的信息。从英国到美国再到巴西，益博睿对数据进行积累和综合的站点遍布全世界。

在英国，益博睿的数据基础来自大世界百货公司（GUS）——英国最大的零售商和消费者债权人。从 20 世纪 60 年代开始，大世界百货公司就将客户数据电子化，并从选民名册和法庭笔录收集了大量信息。20 世纪 80 年代，大世界百货公司开始将数据商业化。1996 年，大世界百货公司收购了天合汽车集团（TRW）旗下的主要英国征信机构，其创始人包括火箭专家西·拉莫（Si Ramo）博士。

在西·拉莫的准确的预测中（不包括 1961 年设想的无现金社会），就有自动化征信、预测支付模式和信用评分。拉莫和天合汽车集团花费了数十年证明这些预言的可行性，他们还为此收集了大量消费者信用信息，并将其标准化。2007 年，益博睿收购了巴西征信市场领导者 Serasa，后者于 1968 年由当地银行财团成立。

通过上述遍布全球的珍贵数据汇编者，益博睿的数据库是对数据长期而密集的处理结果，该流程包括收集—匹配—对比—验证—分析大量信息。如今，益博睿全球系统每天都能增加少量信息到数据库，单条的信息非常琐碎，但它们加入到数据库后，便可以巩固数据库的记录历史并促进模式识别的提升。因此，除了花大价钱打造数据库，益博睿还通过每天的数据积累扩大收益。

单个数据提供者期望通过分享其他数据收集者的信息而获益，而这间接创造了强大的网络效应。

最终结果是，征信行业呈现出集中倾向。在美国，征信市场由三大信用机构垄断，其市场份额彼此趋近。在美国之外，大多数市场都呈现寡头垄断的态势，即一个行业巨头和一个屈从其后的竞争对手。

规模、复杂性和定价等极高的准入壁垒令人望而生畏。益博睿同时也将其业务核心资产运用到相关领域，如数据分析。核心业务和补充业务均涉及能够多次出售的产品信息，边际成本极低。

结果非常可观：十年如一日的有机销售额复合年增长率高达6%，营运利润率从十年前的21%增长到现在的27%。这些成绩的基础，就是公司独特而不可替代的数据库资产。

根据金融理论假设，任何企业的超常表现都是不可持续的，过高的增长、利润或回报最终一定会发生均值回归。上述模式表明，某些企业如何克服长期内均值回归的内在力量。通常而言，正确分析上述模式并非易事。在第3章里，我们将讨论在寻找高品质公司时需要避开的陷阱。

第 3 章

寻找品质企业，需要抵挡四重诱惑

1998 年，诺基亚超越摩托罗拉，成为行业老大；2007 年，它独占 40% 全球市场份额；2012 年，它巨亏 20 亿欧元，轰然崩塌。视品质为生命的诺基亚究竟应该怎样应对苹果公司“掘墓式创新”？诺基亚的战略决策能力竟然薄弱到不堪一击？

如果想要实现现金流、高资本回报率以及增长等富有吸引力的经济特性，品质模式并非是唯一的途径。

事实上，即便是一些成功达成上述目标的公司，也会面临诸多危及其长期可持续性发展的不稳定或暂时性因素。

如今，蓬勃发展的企业可能需要依赖一些力量，而这些力量很容易受到无法预测却又急剧的变化的影响。由于周期性增长、偶然顺应变化无常的消费趋势，或者非常容易遭受破坏的技术领先优势。

所以许多企业从表面上看，似乎比本身更加强大。但这些力量过于微妙，导致有些企业与其遭遇时，无法自动排除其影响。此外，这些力量会造成重大的下行风险，因此，企业需要更加严格的审查。

本章，我们将首先探索周期性的微妙之处，继而讨论技术、依赖性以及不断转换的消费者偏好的风险。

驾驭周期性

周期性是商业活动的既有事实。一家企业的终端市场的经济命运往往会经历潮起潮落，且无法预测。对于少数幸运儿来说，这些波动微不足道。但对大多数企业而言，兴衰枯荣如同潮汐变幻。显著的周期性会掩盖问题，并且会阻碍甚至破坏价值创造。

出于谨慎，我们通常尽量减少接触能源、矿业等强周期性行业。这些行业中的许多企业销售商品化产品，它们极少掌握可持续性竞争优势。然而，品牌和其他自称有竞争优势的差异化产品供应商同样会遭遇周期性。即便品质公司也无法逃脱这种境况，而投资者最好能够直面现实。

周期性使运营环境更加复杂化，它掌控定价、组合优化、成本和资本支出等价值创造的重要环节。在扩张时期，企业可能会在周期性的诱导下，投资过剩，从而使在接下来的低迷时期投资不足。显著的周期性会促使投资者倾向于短期思维。

本章开篇，我们探索了与极端供需周期息息相关的风险审查。之后，通过讨论流动性产品的效益，把注意力转向周期性客户群带来的挑战以及分析长周期时面临的困难。

需要强调的是，我们从未试图回避周期性本身。正如本章末尾部分提到的一样，**在周期性行业中，许多品质公司都能够将这些周期性变化当作它们的优势，进行反周期投资，利用混乱时期巩固其领先地位。**

我们见证了几个最成功的长期投资范例，它们正是那些遭受行业与消费者周期的企业，并且它们能够利用自身可持续性优势实现全周期增长。

供需周期：生产者因何罔顾边际成本？

在周期效应中，钢铁制造或海底钻探等单纯的供需行业是最不吸引人的。这类行业的产品倾向于单一化，并且在生产过程中需要大量资本支出。

在扩张期，旺盛的市场需求刺激着产能的增加。瞬间的概貌表明了这是一个强健、可产生丰厚利润的行业。扩张态势可以长时间延续，这使大多数参与者和观察家开始相信已经发生的结构性改变消除了周期性。在 2008 年经济大收缩发生的前几年，这种经济大收缩是由 21 世纪早期出现的经济扩张导致的想法更加普遍。

当经济形势不可避免地发生转变时，需求会下降，产能过剩产生的后果随之出现。需求下降，商品价格也会随之下跌，进而影响利润。在这种经济环境中，通过绘制未来价格轨迹预测价格最低点或低迷期的持续时间实际上是不可能的。从理论上看，经济学家的边际成本曲线可以阐明参与者何时停止生产以及稳定性何时回归的转折点。然而实际上，生产商并不会根据经济模型行事，因为管理者会推行计划以维持生产，罔顾边际成本理论。

在供需行业，一些企业可能会凭借低成本生产者的身份占据竞争优势。然而，当价格成为下一个无法预测的因素时，此类特质的经济价值便难以估算。一家石油企业若能以每桶 20 美元的成本采油，就可以获得成本竞争优势。然而，决定成本竞争优势的现金流价值，完全取决于长期油价是 40 美元还是 100 美元。

流动性产品比资本支出产品更具投资吸引力

在市场终端，许多企业都拥有面临周期性问题的客户，这意味着需求是受它们自身产品的波动影响，但未必是在价格层面上。这些案例大多出现在为造纸、采矿、石油和天然气或者农业等行业提供设备或服务的供应商们。拒绝投资所有此类公司的做法是不明智的。

实际上，几乎所有与工业部门进行购销合作的企业都不同程度地面临着上述问题，其中也包括品质企业，如阿特拉斯·科普柯工业集团和瑞典亚萨合莱公司。更确切地讲，我们关注的问题是：企业的经济模式是取决于顾客的资本支出，还是运营成本？

投资单纯与客户资本支出挂钩的企业远比与运营成本息息相关的企业复杂。在大多数周期性行业中，企业会在扩张时期购买资本设备。当铁矿石价格上涨时，矿业公司会规划、建设新矿；反之，铁矿石价格下跌，新计划就会被延期或取消。

对于一家收益依赖此类资本支出的企业而言，预测其走势是一件极为困难的事。即使是粗略估算，也需要对商品定价有深刻了解，并且需要清楚矿主如何从不同的价格层面上评价针对新产能投资的结果。如需可靠的预测结果，就要考虑特定商品的长期需求趋势。虽然一些拥有相关专业知识的产业经济学家能够用模型来描述它，但我们发现要将其转化为可预测的现金流模式则具有很大的挑战性。因此，我们往往对这类企业采取回避的态度。

另一方面，对于收益与顾客的操作成本息息相关的企业而言，周期性引发的混乱风险水平相对较低，并且其趋势能够保持相对的可预测性。即使在周期性衰退时期，价格下跌，大部分生产商都会维持现有设备甚至生产水平不变，同时减少资本支出。当石油价格下跌时，生产商仍会继续生产。只要产量基本上保持不变，与生产成本、操作成本息息相关的产品供应商往往会在周期中面临更少的干扰。

我们将这类产品称之为流动性产品。工厂必须稳定运营，生产设备需要备品以及定期维护，石油或者矿物的提取需要测试。因此，在经济低迷时期，主要依靠流动性产品构筑利润池的公司，往往遭受更少的经济损失。同样，在经济繁荣时期，这类公司的产品需求也不会飙升，有利于预测。无论是周期的低迷期还是繁荣期，相比商品化产品，差异化产品的这一特点表现得尤为显著。因此，我们愿意关注真正具有差异化效益的流动性产品。流动性产品对比资本支出产品的相对吸引力为我们提供了两条具有广泛意义的经验教训。

第一，即使企业把产品出售给周期性较弱的行业，流动性产品带来的稳定收入流会比资本支出产品更具吸引力。部分原因在于，资本支出的周期性效果通常比许多投资者预测的更显著。如果经济不确定性增加，各类顾客都会控制支出。较低的可预测性并不会受到投资者的欢迎。

第二，顾客通常不会仔细检查流动性产品的支出。而资本投资，无论是在钻探装置还是新建办公大楼方面，总会受到更严格的价格层面的关注。与此同时，流动性产品由于其尺寸较小、规律性较强，更容易避开公众的目光。

顾客行为的改变影响着企业的运营方式

周期能够以不可预料的方式改变顾客行为。在经济繁荣时期，企业会做出慷慨的预算，把获得优质设备以及按时提供服务看得比成本更重要。然而，当行情不佳时，企业就会加强成本意识。除了初步削减资本支出之外，许多企业会重新审视其成本结构。

许多企业发现它们付给供应商的报酬过高。毕竟，大部分周期性行业的供应商都擅长根据顾客预算调整价格。一些顾客甚至要求供应商全面降价。例如，2014 年末，石油价格直线下跌，挪威国家石油公司（Statoil ASA）要求所有供应商一致降价 20%。其效果压制了定价权。

低迷的经济甚至也会影响流动性产品。有些顾客会通过延长设备维修计划，以及推迟检修或维护，以削减成本。也有些顾客自己维护，或者增加对非原装备件的使用率，以节省开支。

企业可以为了节约成本，以牺牲可靠性为代价，开始倾向于向较低等级的供应商购买设备或服务。

假如这些改变是暂时性的，也未必会产生重大问题，但这些转变往往是持续性的。最近的前车之鉴出现在航空货运业。

在最近几十年间，许多企业形成了空运产品的习惯。空运速度更快，但成本远高于海运。全球金融危机爆发后，许多企业又重新转回海运的方式。它们发现，经过一些细微的调整，只针对小部分重要的商品采用空运方式，其供应链依然能够畅行无阻。即便经济好转，它们也认为没有必要再转回原来的货运方式。

低估周期性效应将从本质上影响投资行为

我们很难界定周期性的基础。在企业扩张阶段（膨胀时期）持续较长时间时，尤其如此。大家开始相信，周期性已经被克服，增长开始看似会持续下去，然而，事实并非如此。

毕竟，周期性不是企业愿意承认的事情。如果商业环境良好，并且这种状况比以往持续的时间更长，则企业倾向于将这种良好的表现称之为“新常态”。

然而，在无周期性争论中较为突出的问题是：看似最合理的时机最危险。当扩张时期较之前持续时间长，陷于商业周期性中的企业似乎最引人注目。他们在 5 年，甚至 10 年内的业绩强劲无比，以至于考虑 20 年前发生的事情是毫无逻辑的。

当看似不必然有周期性的企业开始从周期性中获益时，危急之势骤然出现。在某些国家或行业出现的不可持续的繁荣，能够使一些远离上述商业周期性影响的企业受益。区分公司的可持续结构性增长与周期性增长并非易事。**如果在企业的成长历史中，增长呈现逐步且稳定的态势，那么我们极易判断，这是较高水平的结构性增长或者市场份额增长带来的结果，而非周期性。**可持续性较高的增长会对高品质公司的未来价值创造产生不同的影响，它与周期性增长引发的后果大不相同。低估周期性效应将从本质上影响投资行为。

意大利能源公司萨伊博姆：繁荣时期不会永存

2012年秋天，我们在油价一直稳定持高的时期购买了萨伊博姆公司（Saipem）的股票。萨伊博姆是一家海洋油田服务公司，起源可追溯到20世纪50年代，隶属埃尼集团（Eni）。在过去10年中，萨伊博姆的上游勘探和生产支出一直在快速增长，高达17%的复合年均增长率使资本快速流向难度较高的油田开发项目中。十年来，萨伊博姆引以为豪的是两位数的利润增长率和强劲的资本回报率。

《经济学人》将类似于萨伊博姆之类的海上石油服务公司称为“行业中的无名大亨”。[34]新兴市场的扩张催生了需求的不断增长。由于生产环节的边际成本较高，加之石油行业一贯对价格上涨有滞后反应，在核心石油出口国之外，石油供应受到重重限制。多年来，新产能投资不足使供求关系逐渐收缩。从品质投资哲学角度分析，萨伊博姆的情况看似还不错。

然而，2012年刚结束，极富吸引力的经济趋势出现了日益恶化的迹象。在需求方面，消费者无法继续容忍高油价；在供应方面，美国页岩油作为一种廉价又可靠的能源正在崛起，逐渐取代了传统原油的地位。石油供应商面临着日益增长的成本压力，新建项目交付逾期的后果也使其焦头烂额。整个石油行业的回报率陷入瓶颈阶段。

在股东的频频施压之下，石油公司减少了计划资本支出，削减了石油服务公司的收入。例如投入大量资本进行扩张后不久的萨伊博姆。在2012年结束以前，萨伊博姆被披露出许多进行中的项目执行不力的问题，这些问题影响了该公司年度目标的达成。在之后三年中，萨伊博姆继续下调了预期利润率，并且在此期间损失了近 80% 的股票市值。我们在萨伊博姆衰退早期时将其股票售出，但并不是在亏损之前。

我们犯下了代价昂贵的错误：错把周期性增长当作结构性增长。在自然资源产业中，周期性的本质是持续时间非常漫长，而我们并未充分认识到这一点。在一项追溯至 20 世纪 80 年代（距今最近的相似时期）的综合分析报告中，调查者对于石油和天然气参与历史上大规模产能建设项目的历程进行了深入的阐述。当时的刺激源是整个历史上都很高的石油价格；在调整通货膨胀的因素后，石油价格在过去 100 年中，只有一次较高。

上述案例为我们提供了许多关于周期性的经验教训。首先，在不同行业中，商业周期的持续时间差异巨大。对某些行业来说，10 年或者 20 年的历史并不能提供充分的背景。为了估算周期长度，加深对周期性行业的理解、尽可能地分析尽可能早的可用数据尤为重要，如有可能，最好可以分析几十年的数据。

此外，我们在关注需求分析、提高销售增长的驱动力时，忽略了一条公理：在周期性行业中，通常是供应抑制了利润增长。当产能紧张，积压的订单以两位数的速度增长时，公司便可以自行定价。投资者几乎不可能注意到投资对象的一些项目执行情况不佳、骨干员工离职，或者新合同风险过高等事项。

最重要的是，虽然“需求超级周期”这类词语听起来像一条明智结论的基础，但它实际上就是“愚蠢地相信繁荣时期会永久持续”的委婉说法。当周期性行业衰弱时，许多分析师会将其描述为“自然调整时期”，甚至是“健康调整时期”。他们认为，这一过程虽然痛苦，但终会结束。尽管如此，当商业周期出现时，分析师的主题又变成了趋势的持久性或是为何这种转变与以往不同并更加持久，同时还秉持一套古老的说法，如“所有易开采的石油已经开采殆尽”。在繁荣时期，他们的描述令人心动不已。然而，对于高度周期性的行业而言，前景越光明，投资者便越忧心。

分析周期性的四个难题

周期性为我们带来了几个分析难题。

首先，在周期峰值阶段，收入增长率与利润往往呈上行趋势，但增长的幅度很难确定。理论上，通过计算包含多个周期时段的长期平均值，可以推测出增长幅度。然而问题是，这一漫长的时间段往往波动不定，行业、企业与经济形势瞬息万变，因此，测量的结果无法比较。即使公司本身，也很难察觉其中的具体变化如何影响利润水平。

其次，仅依靠特定商品盈利的行业面临着更为艰巨的挑战。假如原油的最新价格是 50 美元 / 桶，而正常价格为 100 美元 / 桶，那么石油企业在油气行业的销售活动水平就会产生巨大差异。当购买无论是直接还是间接与大宗商品相关联的公司的股票时，投资者实际上就是以大宗商品的价格为赌注。

再次，我们呼吁投资者在进行投资时务必谨慎。纵观历史，虽然我们可以轻而易举地对商品价格做出明智判断，但很难一击即中。

最后，虽然时间是稳定企业的投资者的好友，但时间也是周期性企业投资者的敌人。当一家企业每年的业务和利润都在持续增长时，投资者便可轻松享受复利之美。然而进入周期之后，投资者就会进入长时间的停滞状态或面临利润下降的问题。

时间的重要性因而凸显，而投资结果则会更加依赖何时买进或卖出仓位。对周期性企业进行投资的时机从来不易拿捏，但我们会最大限度地了解上述企业面临的具体周期性问题，这有助于我们减少风险，抓住机会利用增长期。

困难之中见光明：强者更强

在商业周期中，还存有一丝光明。比起实力较弱的同行，巨变往往青睐高品质企业。高品质企业拥有优质产品、良好的经济特性以及更强劲的管理，往往可以利用周期性带来的挑战。

当高品质企业处于逆周期时，商业投资凸显了更高的价值。当其他企业必须缩减规模时，高品质企业能对产品、顾客关系与广告营销进行投资，这类投资通常会转化为长期的、更强的市场地位。当竞争对手被其他问题牵绊时，高品质企业能够如常交易并获得收益。

例如，在 2008 年金融危机中，大部分商业企业均处于瘫痪状态，但高品质公司往往就能抓住大量机遇，以较低成本进行收购、投资以及扩张。在充满挑战的几年中，高品质公司投入的资本和付出的心血会转化为更有利的竞争优势、更高的市场份额与良好的经济特征，其表现甚至优于经济危机爆发之前。

沃伦·巴菲特和伯克希尔·哈撒韦（Berkshire Hathaway）为我们提供了极佳的案例。巴菲特曾通过哈撒韦公司在 2008 年的信贷危机中投资，对象包括获利颇丰的美国通用电气和高盛投资公司的可兑换优先股，以及获得大量美国银行少数股权的富有商业价值期权。对投资者来说，最宝贵的经验是：拥有高品质公司的价值会随着周期的延伸而上升，因为它们往往能够更好地应对周期性并对其加以利用。

技术革新，其实是一把双刃剑

创新一词传递了积极的隐含意义，也包含我们对改善众人生活的伟大发明家们的感激之情，如发现青霉素的亚历山大·弗莱明（Alexander Fleming）、发明电灯泡的托马斯·阿尔瓦·爱迪生（Thomas Alva

Edison）及发明集成电路的罗伯特·诺伊斯（Robert Noyce）等。然而，至少对于资本家而言，创新是一把双刃剑：**虽然科学技术日新月异的发展创造了新财富，甚至催生了新行业，但它也会摧毁其他行业。**

创新对企业的破坏残酷无情，因而我们常常绕开存在重大技术创新风险的行业。进行投资时，我们需考虑的最重要的问题是：在今后十年内，某家企业的产品是否能以与当前类似或相关的形式继续存在。

提出以上疑问还无法解决所有问题。事实上，直到 20 世纪 90 年代之前，购买一家制造商的传真机仍是明智之举。即使如此，我们仍然认为，在某些领域，快速创新无时无刻不在上演，由此会威胁我们的投资行为，提出这一基本问题可以减少上述领域对投资者的诱惑力。在下文中，我们关注某些因大规模创新而产生的风险，以及以高节奏创新为特色的诸多行业。

正是由于我们对创新引发的风险警惕于心，我们才会将投资目光集中在电梯、化妆品等一般商业领域，而非电子及电子商务领域：即使亚马逊的员工，也希望能够平平安安地下楼；只要人们的爱美之心不变，化妆品就不愁销路。

量化创新风险

小规模创新能够为企业增加价值，带来适度风险，如产品包装以及安全性能方面的改进。大规模创新则危如累卵，这意味着现有经济模式会被破坏，利润池将从现有企业快速地转移到新兴企业。面对每一次创新风暴，一些大型企业节节败退，从此没落，但也有许多企业乘风破浪，走向繁荣。相比找出最后的赢家，识别创新失败者相对简单。

例如，一直以来，新闻业有诸多迹象表明，媒体网络化趋势会抢占传统杂志出版商的市场份额。然而，迄今为止，我们仍不清楚消费者、新进入者与现有企业将如何分割利润池。随着亚马逊一类的主导明星式企业的出现，零售业也面临着相同的形势。

正如哈佛商学院的管理大师克莱顿·M. 克理斯坦森（Clayton M. Christensen）曾在《创新者的窘境》（*The Innovator's Dilemma*）一书中阐述的，即使历史上最具吸引力的商业模式也可能被创新的巨变粉碎。虽然市场参与者能够一致列出各种理由来解释所述的变化是可控的，甚至能带来机会，但是我们仍需保持合理的怀疑态度。当颠覆性创新动摇已有产业时，企业很快就会面临陷入令人沮丧的两难境地中。此外，围绕某种方式设置的基层架构也会发生改变，然而如何适应变化，并不总是显而易见的。例如，在新闻业，许多此消彼长的问题仍未解决：在线内容是否收费？或者是否采用分层式组合对新闻内容进行筛选？再如，对于传统零售商而言，平衡实体门店与在线商店价格的问题仍然很复杂。

无论已有行业先锋如何断言，重大创新导致的受害者远多于受益者。纵观商业历史，只有极少数企业属于例外。因此，对于当今的时代或行业与之前差异巨大的问题，我们不会多费唇舌。

快节奏创新

预测创新率较高的行业前景非常困难。即使那些拥有最佳市场定位的企业，面临一个快速变化的工作环境时，这种优势也很容易被颠覆。鉴于快速创新趋势的不可预测性，相关行业中基本不可能存在许多高品质企业，就像买彩票，只有少数人偶尔交好运，大多数人都会亏本。

诺基亚：不创新必然消亡

“我认识到，我们正站在一个熊熊燃烧的平台上。”这是一家最富标志性企业的CEO，在2011年2月对员工发出的肺腑之言："竞争对手施加的压力越来越大，其速度之快超乎想象……我们落后了，我们错过了大趋势，我们失去了时机。"

诺基亚的起源可以追溯到1865年，弗雷德里克·伊德斯坦姆（Fredrik Idestam）在芬兰西南部创建了一家木材纸浆厂。后来，弗雷德里克从橡胶雨靴制造进攻到化学制造行业。1987年，诺基亚向世人介绍了它的第一部移动电话。1998年，诺基亚取代了摩托罗拉（Motorola），成为行业老大。2007年，诺基亚占据了40%的手机市场份额。随着市场的不断扩大，诺基亚的市场份额以诱人的数据增长，市场资本总额一路走高，曾一度达到1100亿欧元。

此后不久，诺基亚看似不可阻挡的崛起遭到了三股力量的攻击。有趣的是，此前这三股力量根本无法对诺基亚构成威胁。2007年，苹果公司开始出售手机。到了2010年，苹果公司在高端智能手机市场的份额增长到67%。在短短两年之内，谷歌的安卓操作系统吸引了众多软硬件生态系统开发商，这为三星（Samsung）占据中端智能手机市场提供了技术支持。在低端市场，低成本的半导体制造使中国制造商收获了全球逾三分之一的手机销售额。截至2012年，诺基亚的手机业务亏损近20亿欧元。2013年9月，诺基亚宣布退出手机业务。

这是众所周知的故事，诺基亚成为许多商业案例的主角。许多分析师将诺基亚的失败归罪于该公司承担风险或快速决策过程中的薄弱能力。然而，许多企业属于风险规避型，或者其决策过程较长，其中的大部分公司也并未经历过类似盈利能力或者市场价值的崩塌。我们习惯在企业内部寻找原因，通常将失败归咎于企业文化或糟糕的战略决策，然而，真正的罪魁祸首是行业本身。

例如，与电梯业或酒类行业不同，电子消费产品领域易于出现快速的技术革命。无论从 CD 播放器到 MP3 播放器、DVD 租赁到线上播放，还是从模拟移动电话到智能手机，该行业的变化速度让人措手不及，其变化趋势只有在技术革命结束之后才能被分辨。

在该领域中，没有昂贵的基础设施需要更新，商家也没有长期合同为自身发展提供保障，消费者只是在某天走进商店购买新产品。现存者通常挣扎着成功地应对了创新带来的破坏，因为他们已经围绕旧技术成立了各类组织，建立了成熟的成本结构，而学习新技术或新的商业模式也需要时间。电子消费行业更倾向于商品化，这是由于技术日趋标准化，模仿者愿以较低的利润率进入市场。

诺基亚的表现一向不错，然而，即便是拥有灵活的企业文化，也很难阻碍苹果和谷歌生态系统获得的领先优势。在快节奏的创新行业中保持市场领先地位谈何容易，不管企业拥有多么惊人的增长速度，我们对此类行业的投资都要小心谨慎。

过度依赖不确定性

假如一家企业非常依赖超出控制的不确定性商业因素时，它所面临的风险就会加剧。然而，当它们能够极大改变竞争优势或经济环境时，这些因素会变得更重要。本节我们将探讨企业依赖政府政策或政府合同引发的相关问题，而后关注利益相关者集中或依赖不稳定性行业结构会在哪些方面加剧投资风险。

对受政府决策影响的企业保持警惕

我们要警惕那些命运很大程度上被政府决策左右的企业。通常来说，政府行为与政治目的紧密相关，并且难以预测，它既能助力企业迈向繁荣，也能加速企业走向没落。在一些依赖固定基础设施的企业中，上述问题尤为突出，比如电信运营商、公共事业、石油生产商和矿业公司。因为通信线路、发电厂、油井和矿井都不易移动，政府税收从石油和煤炭的碳排放税到消费税的税率既不可预测，也无法避免。

假如某行业依托政府人为地强大起来，那么它对政府角色的满足情绪也会日益高涨。以欧洲大部分地区的可再生能源工业为例，2008 年金融危机爆发以前，许多政府为企业提供了大额补贴，致使众多企业认为可再生能源行业的利润相当可观。企业从政府补贴中受益，建立了庞大的太阳能公园和风力发电场，同时风力涡轮机甚至硅片制造商从中也分得了一杯羹。

然而，时代巨变，政府意识到需要削减成本，削减对可再生能源行业的补贴自然首当其冲。政府只是微调了相关政策，挪威甚至葡萄牙的许多可再生能源公司便从爆炸性增长跌落至濒临破产的境地。历史上这种情况并不鲜见。无论政府进行补贴的意图多么高尚，或宣扬会将持续很长时间，我们仍然会心知肚明，这种对工业的援助或保护措施都是暂时性的。

另一种情况也要引起我们的注意，即与政府签下高回报率合同的企业。虽然在合同执行过程中，上述企业能够获得可观收益，但某些合同协议可以根据政府的意愿做出变更，当政府认为企业从中受益颇丰时，更会如此。若政府成为企业的合约方，那么它产生的影响在诸多方面会超过繁荣的经济形势所带来的影响。

如何使政府做出让步是长期存在的问题，譬如采矿合同。虽然在理论上，特许公司掌握着垄断权，但类似垄断的盈利能力甚少会长时间持续。政府除拥有修改合同条款的直接权力之外，还可以使用一系列法律工具抵消合同优势，比如税收、企业义务或政策法规等。

本身的竞争优势与法律或规章制度紧密联系的企业，面对政策转变或法律解释修订时，往往承担了更高的风险。即使拥有最高特权的企业也会因政策改变而分崩离析。

客户、供应商等利益相关者过度集中

拥有良好的顾客关系固然不错，但如果过度依赖少数顾客，便会产生集中风险。纵然企业的商业模式非常成熟、历史纽带牢不可破，但若过度依赖，便会增加不确定性。就像朋友关系一样，商业关系往往会莫名其妙突生变故。除了失去关键顾客带来的消极后果之外，顾客倾心他处也会促使他们手握议价权，逼迫企业做出经济让步，导致企业产生巨大的成本支出。

如今，食品和饮料企业面临的许多挑战都源自于相对集中的客户群。大型食品销售商深谙自己对生产商的高价值，进而伺机压低价格，获取比别处更加优惠的条件。

集中风险不仅出现在客户端，还会延伸到生产端的供应商。供应商可能会收取较高价格，而销售端的分销商则可能需要提供更低的价格。霞飞诺眼镜集团（Safilo）就是陷入供应商集中风险的最佳案例。霞飞诺是陆逊梯卡一家规模较小的同行企业。由于零售业务受到了更多的限制，加之授权品牌的组合较为狭隘，近年来霞飞诺已经失去了几个关键品牌的授权，包括阿玛尼和拉夫劳伦，最终不敌陆逊梯卡。这些损失代价昂贵，自 2005 年以来，霞飞诺的股票价格大幅下降，失去了超过 80% 的市值[35]。

在某些情况下，集中风险也会波及其他利益相关者，例如，雇员、银行家甚至股东。无论集中风险存在于企业价值链的哪个部分，都会损害经济利益。以全球分销系统（GDS）对航空业的影响为例。

20 世纪 90 年代，在网络直销时代到来之前，GDS 是客户购买航空机票的主要方式。虽然 GDS 最初只是从航空公司拓展业务，但它已经成为进入庞大旅游公司网络的门户，连同旅游者一起成为最终受益者。

尽管航空公司通过网页直销的方式重新收回了部分失地，但 GDS 仍稳坐王位，占据了逾 60% 的预订数量以及 70% 的收益。西班牙的 GDS（Global Distribution System，全球分销系统）公司艾玛迪斯（Amadeus）就创造了令大多数航空公司相形见绌的经营利润以及可观的资本回报率。

新的市场进入者

如果本国市场对大部分外部竞争者封闭，那么本土企业的生意就好做多了。在欧洲，某些国家的冠军企业在以现有基础设施支撑而占据的市场主导地位的基础上，可以通过令人艳羡的经济因素拓展业务。自由贸易协议和电子商务的兴起几乎为所有商品和服务创造了开放市场。

企业常常面临市场上的新进入者带来的挑战，但企业建设与加强竞争优势不失为可靠的防御策略。如今，新进入者势如破竹，难以抵御。之前不值一提的竞争对手，如今却不容小觑，它们以虚拟或现实的方式轻松跨越国界。

例如，英国深度打折商场的出现就破坏了杂货市场这一公认的无懈可击的产业结构。

没有任何公司能在竞争性的袭击中独善其身，但我们还是值得考虑其面临的威胁是否严重。承受国外市场竞争压力的本土企业会发现，国内竞争压力也不容小觑。

因此，深入研究全球大环境的竞争优势，仔细评估现有的同行市场以及更广泛的竞争对手，无疑会为我们带来一些启发。

引导消费者偏好

消费者偏好的转变同样会给企业带来严重的经济损失。随着消费偏好的改变，曾经塑造了竞争优势的顾客利益也随之快速蒸发，威胁到最强大的公司。下面，我们会据此进行讨论，随后会关注来自于低价、高品质商品面临的竞争风险。

利益转换：实体零售业无法阻止网购

企业经常通过品牌与包装，试图控制尽量多的影响顾客决策的变量。然而，他们往往对涉及消费者偏好的改变无能为力。以烟草行业为例，企业能够决定香烟的味道，控制尼古丁的含量，却无法改变公众对健康的态度。而部分烟民或许会受此影响戒烟，其他没有戒烟的烟民则会受到排斥。

如今，食品行业面临着同样的挑战，公众越发关注食品的营养健康，而非口味。**在零售业，由于在线购物深受消费者青睐，亲密接触消费带来的优势一去不返。**无人能够控制这些变化，但我们需要在竞争优势持久性的整体评估中将其纳入考量范围。

流行风险，一年内达到峰值

有时，顾客效益评估会因为一些难以理解的原因而改变，尤其是对于提供无形利益的产品而言。试想，20 世纪 80 年代风靡的品牌今天如何褪下了流行的光环；试想，消费者对某种饮料或食物大加追捧或嗤之以鼻的情形，汽水或红酒就是绝佳的例子。纵观历史，玩具业一直是流行趋势生根发芽、茁壮成长的沃土，比如在 20 世纪 80 年代风靡一时的卷心菜娃娃（Cabbage Patch Kids Dolls）和爱心熊（Care Bears），以及90年代备受追捧的电子宠物机（Tamagotchis）和菲比（Furbys）。

1983年，科尔克公司（Coleco）开发了卷心菜娃娃玩具，仅一年时间，该公司获得的批发收入便高达5.5亿美元，而总销售额是该数字的数倍。随后，其附加产品如流行音乐唱片的成功投放市场，从服装到早餐麦片，卷心菜娃娃的形象无处不在。然而，好景不长，到1987年，卷心菜娃娃的风潮已经过去。科尔克公司的批发收入下降了近75%，这是该公司破产的主要原因。

通常，某件单品或品牌的流行风潮会在一年内达到峰值，之后则大幅度下跌，一蹶不振。这类产品一般属于非生活必需品，往往带有相关的炒作因素，如流行唱片或其他吸引人的噱头。考虑到其初期优异的增长率，趁早跟上流行的脚步可以大赚一笔，但其最初优异的增长率和后期壮观的全面崩溃注定了它并非长期投资的最佳策略。

足够好的产品，赚取溢价标价

溢价标价是许多高品质公司价值创造的重要源泉。企业凭借品牌力量作为竞争优势的基础，其定价常常高于同类产品。该策略的成功是依赖于提供了明显优于竞争对手产品的优势。我们将这种产品称为“足够好的产品”。

最典型的案例是自有品牌零售商选择将商品品牌化，例如药店或杂货店提供的产品。**连锁店提供了价格相对低廉的同类产品，引导消费者注重价格而非质量。一旦引导策略成功，顾客就会继续支持该自有品牌。**例如，航空业的主要运营商，如英国航空公司，被像瑞安航空这类的低成本航空公司取而代之。开放源码软件行业也存在类似案例，如Linux成了微软操作软件的替代品。

足够好的产品的价值定位很难防范。它的缺点是，当产品通过有支配力的经销商分销时，风险会加大，因为这类经销商控制着顾客端，例如创造自有品牌的零售商。他们具备经济诱因创造足够好的产品。它的优点是，竞争对手并非不可战胜。一些自由品牌往往尝试进驻诸如个人护理市场或餐饮业，但结果不尽如人意，这就是品牌实力的标志。

通常来说，利基产品（Niche Products）能够得到比大众产品更严密的保护。足够好的产品可能要求企业具有一定的规模才可顺利地生产与投放。首先，如果消费者利益真实、强大，那么足够好的产品的竞争就会按比例减少。我们可以发现，足够好的手提包永远不会对奢侈品手提包产生威胁。同样，我们怀疑许多航空公司（或者他们的飞行员）更倾向于选择足够好的发动机，而不是安全稳固方面有着无可挑剔的飞行记录的发动机。

诺保科公司：足够好的产品不敌竞争环境

种植牙是植入患者牙床的一个小钛合金螺钉，起到了假牙牙根的作用。这项技术相对比较新颖：1965 年首次出现了牙齿植入物，在之后的半个世纪，这类产品不断发展。在种植牙技术出现之前，如果受到一颗（或多颗）牙齿缺失困扰的患者，需要把缺口旁边的牙齿磨损，为假牙搭桥。这并非最优解决方案，这种方法会损伤病齿两边的健康牙齿，几年之后，它们往往由于负担过重而脱落。相比之下，种植牙属于侵入性治疗，效果更稳定，而且更健康、更美观。

从 2007 年开始，牙科植入物行业领先制造商的前景一片光明。这项具有革命性的新兴产品在相对严肃的行业中迈入高速发展的轨道。产品已经投入了一段时间，一些主要生产制造商通过牙医施行知识普及计划，使种植牙技术逐渐被大众所接受，从低两位数百分比的水平逐渐稳步发展。它拥有三赢商业交易的所有特征：顾客能得到更好的治疗方案；牙医可以从治疗中赚更多的钱；生产制造商能够以高盈利能力实现强劲增长。

当时，诺保科公司（Nobel Biocare）是高级牙科植入物领域的领先制造商与营销商。自 2003 年之后的四年中，该公司的销售团队快速壮大，他们用越来越多的时间与牙医相处、交流，带动了公司的平均销售增长率，这一数字超过了 20%。诺保科公司产品近百分百的成功率证明其毋庸置疑的可靠性。

诺保科开展了“移植学”教育实践，并为牙医提供大力支持，并借此获取反映其产品质量的溢价。除了强劲的增长势头之外，诺保科还获得了令人瞩目的资本回报率和利润率：2006 年利润总额在 80% 以上，经营利润率达到 34%。

诺保科公司看似拥有了品质投资的所有必备因素：毋庸置疑的强劲财务状况、前途无量的增长潜力、看似合理的技术和分销准入壁垒。于是，我们在 2005 年开始投资该企业，在起初的 18 个月中，情况超乎预期的顺利。然而，我们在 2008 年初便狼狈地撤出投资，我们的处境证明我们犯下了一个代价高昂的错误。

哪里出错了？一个词便可总结：竞争。由于牙科植入物产品并不是特别复杂，其他企业也有能力开发类似产品，此外，诺保科公司逾 80% 的利润率足以促使任何一家企业蠢蠢欲动。即便竞争者以较低的价格出售产品，仍有利可图。随着产品种类的成熟，牙医对牙齿植入物的操作也变得娴熟。他们开始普遍采用此前被认为是不可靠的、劣质的、便宜的代替品。

现在，牙医不再依赖市场领导者的溢价定价品牌寻求质量或技术安慰。一些牙医利用消费者薄弱的品牌意识，使用低成本产品，却收取顾客同等的价钱，以牟取暴利。自 2007 年开始，牙齿植入物的成交量不断上涨，但大部分增长都由低成本商品生产者攫取。溢价玩家为了保持自身竞争力，只能降低产品销售价格。

我们并不否认诺保科是一家优秀公司，它的确是，并且可以维持良好的业务，最终在 2015 年被丹纳赫公司（Danaher）收购（虽然价格比 2006 年发布的市值的四分之一还低）。然而，2014 年的华尔街预测强调了低成本制造商对诺保科业务产生的影响。（由于丹纳赫的收购行动，诺保科从未公布这些数据）共识预测预计 2014 年的销售低于 2006 年的水平，经营利润率在 13% 左右。

换句话说，2014 年，诺保科公司的税前利润约为 2006 年报道的三分之一。虽然竞争对手提供的产品质量未能与诺保科等同，但也不失为足够好的产品。诺保科正是受到这种冲击，其财务数据才呈现出上述利润轨迹。

本章概述了品质投资者面临的潜在诱惑因素，因为它们强调了诱人的财务数据不堪一击，而且往往不可持续。因此，**在寻找高品质企业时，区分可持续与不可持续表现的特征至关重要。**为了最大限度地降低错误风险，维持系统化投资管理进程将大有裨益。我们会在第 4 章探索系统化投资管理进程如何降低投资错误的风险。

第 4 章

如何降低投资错误的风险？

自现代企业制度建立以来，篡改会计报表就像阴魂一样从未散去，发明放射治疗设备的医科达公司就是著名案例之一——大幅虚增应计收入、研发支出过度资本化，高管参与内幕交易……老费舍的“流言蜚语法”还可用吗？

注重品质的长期投资策略无可避免地面临着一系列挑战，如抵抗诱惑以回应短期波动、面临高涨的估值指标时坚持定性判断等。稍有不慎，上述挑战便会引发相应的错误。

其中，这些挑战能使当前宏观经济形势对企业决策产生过度的影响，或在当前高市盈率的迷惑下，导致错过一个独一无二的投资机会。

本章，我们会分析上述挑战，在更大程度上探讨我们犯下的疏漏，并解释如何设计一个能够面对障碍、减少错误发生的投资过程。

在这个过程中，我们也会讨论估值与市场价值，阐明为何我们赞同巴菲特的黄金搭档查理·芒格（Charlie Munger）的话："以合理的价格买入一家好公司，要比用好价钱买下一家合理的公司好得多。"最后，我们将解释为什么股票市场会低估高品质公司。

执行品质投资的四项挑战

在品质投资中，主要有四项重大挑战：对抗短期思维、克服重视"硬性"数据多于主观质量评价的偏好、接受高品质企业并非总是最令人兴奋的投资以及优质股票往往价格更高的现实。我们将依次讨论每一项挑战。

长期复合增长率 VS 短期压力

品质投资哲学面临的最大挑战之一是，投资者需要采取并保持以年为单位的长期展望态度，而非以季度或天数来看。根据我们的经验，最佳投资效益往往出现在购买并长期持有高品质企业之后。

然而，如今的商业与投资文化更多关注短期成果，我们置身其中，要保持长期展望的态度谈何容易。当参与者以季度或年度衡量投资结果时，经理和投资者专注短期成果也就不足为奇。股票市场频繁地对公开上市公司进行估算，促使投资人每天做出投资决策。近年来，很多人甚至受到高频交易的诱惑，以每分甚至每秒的速度做出投资决策调整。

信息市场强化了股票市场的诱惑力。在商业与投资领域，每只股票都包含了增量信息。从买进卖出的交易过程中，瞬息万变的信息提供了诱人的潜在收益前景。市场波动性则加强了投资人的动态随着市场的波动起舞——高振幅吸引交易者感知时间的优势，低价位买入、高价位卖出。

此外，经纪商雇用的卖方分析师也会推波助澜。他们时时关注企业快速成长的案例，或某些令人瞩目的转机股，为投资增加戏剧性。然而，卖方分析师的信息甚少对投资者有益，甚至其真实性也堪忧。

短期市场价格的显著波动会引人注意，而小的变化往往就不会受到青睐，而这些变化往往可以带来长期累积收益。在给定的某个年份，将一只价格上涨 50% 的股票——例如一些热门的科技公司，与一只价格上涨 10% 的股票——例如一些普通的化妆品制造商，进行比较。大部分人会青睐前者，对后者嗤之以鼻。然而，后者往往能够提供更优秀的长期表现。

复利概念是商业和投资领域最重要、最具价值的理念之一。在短时间内，它的影响力相对来说可能微乎其微，但从长远角度分析，其力量则不容小觑。试想，有一笔 10000 美元的投资，每年可获取 10% 或者 7% 的收益率，那第一年的收益只不过是 300 美元，然而，25 年后，两项投资策略的利益差就会增加到 54000 美元。10% 的年投资回报率产生的价值几乎是 7% 的两倍。

若投资者着眼于短期，便会选择在短期内承诺更高回报的公司。假设一家企业连续 20 年实现了 9% 的平均年盈利增长率，同时每年支付 2% 的股息，那么投资者的总回报是 11%。

如果该企业的股票可长期可持续发展，并能以合理的价格买入，那么它会比大多数同行更具吸引力。然而，当前的投资文化更关注企业的短期表现，投资者会寻找并认购那些长期盈亏尚未可知，但在短季度内会迅速增长的股票。

短期变化会带来相当高的成本，包括交易费用和税收。但是这些成本和交易的规模相比，微不足道，单次交易的费用处于合理范围之中，而且投资者无须现金支付。税收往往被提前预留，然后遗忘，好像它超出了个人控制能力之外。

总体而言，采用长期策略有利可图，却充满了挑战。**奉行品质投资哲学的人必须不断提醒自己，企业的长久表现最重要，而非单个季度的业绩。他们还需要记住的是，在一段漫长的时间里，企业的优势往往表现平淡而缓慢，而不是强烈而快速。**

相比个人，机构组织对抗短期盈利主义更加不易，因为机构组织者往往是滋养短期盈利主义的沃土。机构客户和他们的顾问往往以季度或年为单位衡量自己的绩效。投资组合经理和分析师也会配合客户的习惯，亦是如此。

当企业获知投资资金流动取决于每季度或每年的业绩时，经理人就会把资金投入到短期有希望获得最大收益的投资项目中，分析师也会寻求类似的投资机会，而不是探索哪些企业可能产生最大的长期价值。

与短期盈利主义对抗需要所有相关参与者培养截然相反的体制文化，包括对客户教育、员工培训以及为高水平决策者建立适当的奖励机制。

接受短期表现欠佳

虽然品质投资策略能随着时间的推移奏效，但有的时候表现欠佳总是无法避免的。品质投资者对于缺乏强劲稳定的资本回报率，或利润率薄弱的周期性较强的行业最为鄙夷。然而，当股市强劲、一片看好时，这类行业的企业股价往往能从中收益。在这些行业中，宏观经济环境的些许好转通常会使企业的盈利能力显著提高。当市场青睐这类公司时，注重品质的投资组合极有可能带来相对较低的回报。

虽然以上情形相对少见，大概十年只有两三年会出现上述问题[36]，但 2013 年，欧洲股市就曾出现过一次这样的情形。当时，投资者争相购买即将从欧洲经济复苏中获益的企业股票。结果呢？垃圾股比优质股更多。短期表现欠佳持续时，会令人欲哭无泪，但经验告诉我们要坚守原则。有些投资者为了从短期经济数据中获益，以及为了参与极少会产生长期、出色收益的市场炒作，而放弃了品质投资的理念。我们在偶然的情况下有所尝试，但通常会导致不佳的投资效果出现。

在经济动荡期间，高品质企业不仅能够对业绩欠佳时期的损失进行补偿，而且其历史表现一直优于市场经济动荡期。高品质企业凭借更高的利润、更丰厚的回报、更高稳定性和更稳健的资产剩余获得了相对的确定性，其价值不成比例地增加。全球金融危机凸显了这一观点：在市场估值倍数普遍萎缩的情况下，高品质企业仍可跑赢大市。

大数据规则：定量易，定性难

品质投资中对企业主观方面的关注揭露了我们在着重量化的投资文化中面临的挑战。如此多投资行为都由数字驱动：企业的表现被量化，会计被数字　。毕竟，证明股价低廉要比证明企业优秀容易得多。

一项睿智的投资就是对未知的一次探索

对许多股票投资者而言，选股无异于智力寻宝游戏：希望发现一家具有潜在价值的公司，就像一只装满金子的破败箱子等着被打开发现其中有巨额回报一样。这种思维方式与市场效率性原则紧密贴合。**市场中，被低估的股票稀少，并且不易分辨。投资者必须依靠深入的调查挖掘宝藏，至少也需要以新视角全方位审视。**因此，一项睿智的投资等同于对未知的一次探索。

高品质公司一般缺乏这种珍贵的“金罐”特征：它们往往没有可能彻底改变世界的产品。事实上，许多优质企业只是十几年如一日地重复着相同的工作。糟糕的是，在一定程度上，这些企业的品质在一定程度上早已备受赞誉。正如大多投资者认同，爱马仕或欧莱雅属于优秀企业一样。通常而言，品质会投射在股票价格中，而这些股票往往以市场溢价成交，即便我们认为该价格远远低于预想中的价格。

然而，现代投资者往往有一个共同的偏好，他们寻找鲜为人知而非显而易见的企业，例如识别热门的新兴企业、昔日落后等待机会扭转颓势的企业，或者威胁要对行业进行革命的新兴竞争者。所以，有些时候成功的品质投资策略需要投资者抵御表面上令人兴奋的投资发现的诱惑，这意味着企业需要接受在分析那些已经存在于大众视线中的投资项目时的相对无聊。

困扰买入决策的四个错误

聪明人吃一堑长一智，睿智者则以人为镜、明得失。如果两者兼备，那么结果便更如人意。犯错或观察到别人的错误之后，最明智的做法就是承认并吸取教训，避免将来重蹈覆辙。就品质投资而言，我们引用马克·吐温（Mark Twain）的话："历史不会重复，但却惊人的相似。"这种行为方式的相似性促使我们将犯过或观察到的错误分门别类，如果能牢记于心，就会大大减少未来犯错的概率。首先，我们来分析一下几个困扰最初购买决策的因素。

自上而下的干扰

从重点关注企业及其行业意义上来说，即关注企业特定因素或经济微观因素的层面，品质投资最终可以被视为一项"自下而上"的实践。虽然现在有许多投资者采用了该方法，但是采用"自上而下"分析方式的人也不在少数。后者关注更广泛的投资环境、探究国际贸易状态、通货膨胀率或货币的相对优势。

在品质投资理念中，如果投资者将"自上而下"的视角看得比"自下而上"的分析还重要，那么他们很可能会犯错。这类错误通常出现在庞大的宏观经济主题对股票价格造成破坏之时，导致投资者深受贸易、通货膨胀或者货币等因素的影响。这些宏观经济趋势确实值得密切关注，因为它们会对现有企业和行业造成影响。然而，当"自上而下"的因素重于"自下而上"的分析时，通常会导致投资者由于错误的原因选错了投资对象，甚至整个投资领域。

其次，"自上而下"投资策略引发的第二个犯错误的风险是信心不振。奉行品质投资理念的投资者需要长期持有坚定的信念，方能摆脱市场波动的影响。当令人难以捉摸的宏观经济形势等外部力量成为投资理念的基础时，投资者很难对企业或其所处行业保持坚定的信心。若遇上突如其来的灾难或打击，比如商品价格下跌或者货币贬值，投资者就很难坚持品质投资理念。最终的结果往往是投资者不仅在认购时犯错，而且过早抛售股票，甚至做出"高买低卖"的致命投资行为。

“下周一”乐观主义

乐观是投资失误的常见原因，它困扰品质投资者的程度不亚于其他因素。在刑事审判系统中，惯犯往往请求法官的宽恕，承诺会痛改前非，比如戒掉毒瘾、找工作、重新做人。检察官和法官都愿意相信他们，然而结果往往令人心灰意冷。在商界，许多管理方面的落后者老调重弹，一再强调美好时光即将到来，使投资者相信，问题早已成为历史，新产品即将推出，收获就在眼前，繁荣时期指日可待。人们很容易相信这样的期望，我们称之为“下周一”乐观主义，但它会频繁引发错误。

泥潭深陷的企业以及问题百出的行业都拼命抓住乐观这根救命稻草，而不是考虑重新崛起、攀登新高峰。经理和他们的顾问不顾一切争取转机，描绘富有竞争力的企业前景。他们往往具备强大的说服力，诱导投资者保持乐观心态。在航空业，大概每十年就会出现一次类似状况。21 世纪初，钢铁行业也曾一连几年陷入“下周一”乐观错误。

“下周一”行业或企业不断令人失望，因为它们的痼疾源自外部因素，而没有任何经营模式能永久克服外部因素的困扰。虽然扭转或重组项目能为渐进式改善创造机会，但行业趋势最终会占据上风。即使投资者能预测结构上受质疑的行业红日中天的时间，他们仍然需要估算其日薄西山的时间。这意味着投资者需要斟酌认购与出售的最佳时机，而这无疑会使犯错的风险加倍。

过分自信

过分自信是酿成许多错误的根源。有些人可能掌握了相关的背景知识，因而自信地评估至少几个行业内大多数领先的公司。然而，过分自信伴随的风险并不会因此抵消。人往往会高估自己各方面的认知和能力，无论是驾驶还是恋爱。过分自信体现在投资领域的方方面面，尤其体现在忽视企业固有局限性，依赖对其具体盈利的预测。

事态发展若超出个人的认知与经验范畴，犯错的风险就会增加。例如，任何股票投资取决于企业控制范围之外的外部波动因素都是基础不牢靠的。这种例子比比皆是：认为某家制药企业的药物会通过政府审批而提前认购股票；相信授权法律即将出台因而将赌注压在游戏公司上；认为铁矿石的价格可能上升而盲目认购采矿企业股票。

然而，政府决策具有随机性，即使专业分析人士也很难预测政府行为对特定企业股票的冲击或影响。这同样适用于受大宗商品价格影响的公司。因此，在存有变量的领域中，投资者进行错误预测的概率也相对较高。

可预见性错觉会引发许多错误的投资行为，尤其对于快速变化的行业而言，譬如科技行业。投资者也许掌握了大量现有的技术导向行业知识，无论是人工智能还是机器人技术，这都有助于他们进行可靠的短期表现或前景预测。除此之外，市场的不断变化的特点以及流动性则会降低预测的可靠性。

可预见性错觉同样在组织解构复杂的企业内部反复上演，如工业集团或多元化金融机构。这类企业或许很容易被工业或者金融专业的学生所了解，它们甚至会显现出一些与高品质公司相关联的特质，然而，其绝对规模以及固有的不透明性会致使投资者，甚至包括学者在内，至多只能进行部分预测。例如，西门子（Siemen）的运营部门多达 19 个，包括智能电网、医疗诊断甚至工业自动化等。虽然人们很容易被吸引去评估西门子公司是否属于高品质公司，但其庞杂的部门结构与复杂性从侧面反映了该公司具有巨大的潜在错误风险。

夯实对某家公司或某行业的基础知识、警惕偏离正轨进入陌生领域，这点对投资者而言至关重要。有了坚实的基础知识做后盾，投资者便有可能理智地应对突发事件或者信息干扰。意识到过度自信的风险也同样重要：在最著名的行业里，高估某人的预测能力带来的危害最严重。

充满迷惑性的债务

许多错误的投资行为可以追溯到投资者对债务下行风险或来源的忽略。债务同样可以充满迷惑性，因为即使投资者对过度融资保持警惕，但仍有可能受骗上当，以至于关注利好的一面多于不利的一面。毕竟杠杆可以很容易合理化，经理人和顾问异口同声地说，异常高的债务水平要么会受到严密监控，要么不受商业逆境中不幸事件的常见风险影响。

债务带来不断变化的利率、限制性的贷款条件与计划到期日，使相当大的价值创造控制权交给债权人，而非管理者手中，这对企业所有者百害而无一利。置身于周期性终端市场的企业面临的风险更高。因为周期总是超乎意料之外，借贷双方往往对合理杠杆和过度杠杆之间的界限做出错误判断。

债务方面的极端错误集中于以下两种情况。

首先，是大量金融债务和高经营杠杆相结合的企业。在经济扩张时期，经营杠杆能够以低成本维持收益增长，促进现金流动，企业可以轻松偿还债务。然而，在经济下行时期，高营运杠杆很可能意味着快速恶化的现金流，并且难以履行债务义务。忽略债务的特征极容易落入圈套，即使经验丰富的投资者也很容易上当。

其次，高度依赖租赁收入的公司（如零售商），其债务带来的错判风险更高。在经济扩张时期，零售商的规模快速增长，通常包括增加店面数量以扩大租赁空间。在经济繁荣时期，投资者甚少意识到租赁也是杠杆的来源。当经济条件紧缩时，租赁利率保持不变，而收入与现金流都会降低。

债务导向的投资错误在经济扩张时期更易出现。**在经济繁荣时期，表现平平的企业也会格外出众。在经济泡沫时期，企业的市场估值往往过高，投资者倾向于在诸如杠杆问题上妥协。**这样的环境极易促使投资者进行错误投资，毕竟，甚少有比忽略债务下行与来源更危险的因素。

金钱不能承受的“长期持有”

考虑到品质投资理念要求长期持有高品质公司股票，所以投资者在此期间可能会由于自满或未能对曾经辉煌、如今却每况愈下的企业抱以欣赏的态度，进而犯下错误。我们将这种情况称之为“温水煮青蛙”。试验表明，青蛙掉入沸腾的水中会立刻跳出来，但如果把青蛙放在冷水中，之后逐渐使水温升高，它会继续待在锅里。不过这一说法后来被证明是错误的，我们必须承认这是一种讽刺。没有任何一家公司战无不胜，我们投入大量精力留意和监测恶化的迹象，就是为了能在水沸腾之前跳出锅来。我们分析了“温水煮青蛙”的问题之后，再来探讨投资过程中目光短浅、为自己找借口和产生情感依附的错误。

敢于跳出沸水的青蛙

企业极少在单个季度或年份就能够从卓越转为优秀，衰落是年复一年逐渐累积的结果。自然，一家企业的大起大落、由盛转衰甚少由某个时刻决定。如果衰败的迹象明显且速度惊人，那么投资者自然能够抓住时机果断地抛售公司股票，就像一只迅速跳出沸水的青蛙。然而，这毕竟只是少数情况。在大多数情况下，我们仍然有必要找出识别企业日渐衰败的办法，尤其是那些能够抑制自满情绪、避免面临困境的办法。

例如，利润预警就是深层次问题的潜在症状。我们针对众多欧洲公司的研究表明，有三分之一的严重的利润预警（导致股票价格跌逾 10% 的预警）会在一年内[37]再次发出更严重的警报。

假如企业做出重大的利润预警，则表明其内部正在酝酿极其严重的问题，即使是相对稳定行业的公司发出的利润预警也不容忽视，此时，投资者需要重新全面评估投资对象。另外，一个利润预警不仅增加了另一个利润预警发生的概率，还会使投资者对持有的企业股票产生怀疑，即使投资者确定该投资主旨没有发生结构性变化，其内心仍会摇摆不定。

对于许多堕落的企业而言，全面恶化通常由一些未能按照计划进行的小事开始，譬如利润增长并未实现、利润面临原因不明的压力、对竞争压力有更多的讨论或者资本支出逐渐增加等。然而，每一次小型的失利都不足以引起投资者重视。经理人通常镇定自若，他们将其归结为非经常性因素。然而，一连串的小挫折通常预示着会有更严重的问题出现，而且预兆一旦显现，投资者即便急于修正、减轻损失也为时已晚。因此，对投资者而言，即使是微不足道的问题也有必要进行严格评估。

乐购：衰败起于累积的消极因素

多年来，乐购一直是英国食品零售业的骄子。1995 ~ 2007 年，乐购在英国的市场份额不可思议地翻了一番，增幅超过 30%，是同行业中规模第二大的竞争对手的两倍。另外，乐购开展了庞大的非食品经营路线并首先创建了在线食品销售网络，开拓了盈利能力极强的庞大国际业务网。之后，乐购的销售持续以两位数增长，被尊为卓越经营的典范。

2007 年，我们开始投资乐购，彼时，它的市场领导力势如破竹，看似能继续扩大市场份额，扩张海外版图。然而，事实并非如此。事实上，乐购在英国的市场份额已经一落千丈，利润率从

6%暴跌至1%，经营利润率仅为最佳年份的20%，并且2014年的会计误差高达4亿美元。我们的市场领先者究竟做错了什么？

第一，过度对外扩张。乐购对海外市场，尤其是亚洲和东欧的开发经营能力信心十足。之前，乐购首次扩张告捷，成功建立了大型超市，吸引了发展中的零售商和更多的传统渠道的顾客。海外市场的零售增长似乎潜力无限。乐购的管理层笃信，如果能快速增长形成规模，在海外也能复制在英国的辉煌。

乐购的扩张规模巨大，在短短20年间，乐购从英国超市的老大摇身一变，成为在海外拥有三分之二版图和三分之一销售额的王者。如此快速和强劲的增长想必让管理团队欣喜雀跃。然而事实上，乐购已经耗尽精力、管理资源和资本。许多风险投资却并未产生预期的资本回报，致使乐购关闭、出售或者削减中国、日本和美国等市场的业务。

同时，英国的良性竞争环境开始变化。对手在克服自身的恶疾之后卷土重来：莫里森（Morrisons，英国第四大食品零售超市）最终被喜互惠（Safeway）收购，英国塞恩斯伯里超市（Sainsbury’s）和阿斯达超市（Asda）提高了执行力，阿尔迪超市（Aldi）和利德超市（Lidl）等深度打折商场日渐兴旺。乐购割让了许多市场份额给逐渐复苏的竞争对手，在分配过多的资本到海外扩张的同时，以牺牲对顾客的投资为代价，维持营业利润率增长。此时，英国国内竞争者扩大店铺占有率的步伐快过市场增长，同时，深度打折商场也攫取了10%的英国杂货市场。

最明显的事件出现在2011年，长期担任乐购CEO的特里·莱希（Terry Leahy）在英国业务达到鼎盛时期抽身而退。如今，据2015年6月的调查显示：乐购在英国消费者最喜爱零售商中得分最低，排名垫底。此项调查也对企业品牌造成了重大伤害[38]。我们极易低估消极因素带来的累积影响，譬如过度的海外扩张、对英国核心消费者的关注度下降、缺乏对竞争攻势的有力回应，这意味着乐购疲软的业绩表现与薄弱的投资者回报。2012 年中，我们抛售了手中最后一些乐购股票。虽然还没到 2014 年最糟的阶段，但退出时，青蛙已经在水温渐升的锅中煮熟。

不容忽视的市场变化

我们一直强调，品质投资理念的核心是选择优质公司长期持有，但是如果陷入逆境，仍怀骄傲自满的情绪，则容易犯下不作为的错误。

换句话说，就是投资者无法在股价下跌之前抽身而退。他们竭力证明逆境转瞬即逝，将行业结构性失调视为暂时现象，或对威胁投资对象核心业务的新竞争者嗤之以鼻。虽然这种态度有利于长期展望，但同时也造成了盲点。虽然每一次变化都值得投资者加以审查，不过某些类型的变化必须为大部分投资失误承担主要责任。

首先，受技术驱动的市场变化往往比投资者最初预想的更加严重，尤其是对消费者或零售渠道的影响。在短短几年间，从美国到欧洲的黄页公司就从虚拟垄断沦为商业“恐龙”，迅速灭绝。这教导我们重新去审视和质疑企业进行必要变革以保护其商业模式的能力。

其次，经济环境风云变幻，企业陷入低迷的时期往往超乎预期。尽管近期波动使人心灰意冷，但企业仍会预测未来几个季度情况会大有好转。然而，这只是企业一厢情愿，甚少有某些行业能在 12 个月内从繁荣到波折，再到复兴。

最后，如果企业的客户越来越穷，那么这家企业本身也会随之越来越穷，因为苦苦挣扎的客户会降低预算。德国银行 ATM 机制造商德利多富有限公司（Wincor Nixdorf）在 2008 年金融危机后，信誓旦旦地对消费者表示，公司将继续繁荣，因为信贷市场的动荡并未对现金分配造成负担。然而，随着步履维艰的银行减少支出，它们购买的自动取款机的数量也随之减少。

论点马屁精和“是的，不过”型错误

当投资者为了继续持有手中股票，而不断为投资决策辩护时，错误就会随之而来。例如，在我们一次例行的投资组合讨论会上，曾有一位同事扮演魔鬼代言人，对其他人手中持有的股票价值大加抨击。而辩护者大加反驳，所有人都听见他说：“你说的没错，但是……”毫无疑问，这就相当于承认了对方提到的困境，而后面说的话则失去作用。

当你的争辩以“是的，不过”的态度开场时，通常意味着错误的确存在，而有些人不愿承认。一般而言，这类回应会改变投资理念，使之从“自下而上”的品质投资转变成“自上而下”的量化投资。前文我们已经剖析过“自上而下”干扰的危害。

“自上而下”的干扰通常有两种情况属于“是的，不过”：“现在市场正在高度关注这些问题”；“现在股票很便宜”。这两种陈述都有“论点马屁精”的嫌疑，并且都是显而易见的事：如果明确了一个问题，市场一定会知道，进而其市盈率就会相应地降低。许多投资者对套牢的投资错误都有这种诡辩：如果某项投资以“是的，不过”来进行辩护，那么它可能是错误的投资。

会计预警信号：经营恶化的显著标志

每一位投资者必须精通商业语言——会计学。财务报告除了能够反映资产周转率和利润率等可评估企业品质的数据外，也常常包含了利润增长、现金流动以及资本回报的可持续性和可预测性的不可量化的细微线索。另外，财务报告偶尔也会揭露欺诈行为，帮助投资者排除浑水摸鱼的伪高品质公司。

投资者面临着一项长期挑战：盈余管理。2012 年的学术研究表明，这项挑战普遍存在：五分之一的挂牌公司歪曲了平均 10%[39] 的会计收入。会计舞弊体现在多个方面，包括过早确认收入[40]、虚增毛利[41]、不恰当的资本化费用[42]、储备消耗[43]以及操纵现金流[44]。以上诸多因素的确认都包含一定程度的主观判断。然而，当这些判断开始超越合理范围时，我们的经验告诉我们，忽视它们通常是一个错误：此类会计预警信号是企业情况恶化的有力证据。

瑞典医科达：会计预警信号揭露企业潜在问题

20 世纪 70 年代，瑞典神经外科教授拉斯·莱克塞尔（Lars Leksell）首次提出了放射外科的概念，成立了医科达公司（Elekta）。该公司的主要业务是销售并维修放射治疗设备。这些设备旨在精准地提供辐射剂量，使肿瘤萎缩，并杀死癌细胞。

医科达公司有许多特征值得品质投资者重点关注。它产生了巨额的经常性收益，展现了超凡的研发能力，在寡头垄断的背景下市场份额稳步上升，之后乘风破浪，看上去成功地开始扩张新市场。医科达由此创造了耀眼的历史销售和盈利记录，两项财务指标皆以两位数增长，而随后的股价也直线上涨：到 2013 年，该公司股价在 10 年间上涨了 15 倍。

然而，医科达公司的财务报表似乎有些奇怪，表明公司的实际收入增长低于报道的数字。他们在部分被转为最终现金流的营业收入中发现了急剧的恶化。

我们仔细检查发现，首先，未开票的应计收入大幅上升，远远超过报告中营业收入增长的速度。从 2012 年开始，医科达公司似乎比以往更早记录收入增长，其中包括根据产品出库预先确定销售额，而非根据顾客的收据和账单制定收入。这些变化就是会计预警信号，因为它们对收入确认的扩大超过了其管理自主权的范围。

其次，我们发现医科达公司应收账款增长快于销售。这表明该公司可能为了提高销售增长率，延长付款条件，或者意味着公司正在承担日益增加的客户支付风险。在开发票前就确认收入增长，或在开发票后允许延期以进行后续付款，则表明公司的收入质量逐渐恶化。

再次，财务报表的数据同样表明，医科达公司把越来越多的研发支出资本化。这意味着它将当前的确认支出延迟到未来。这种做法提高了当前的利润，但费用早晚会发生。将研发支出资本化的做法可以有正当的理由，例如更好地配合支出和收入，但当它伴随其他的会计预警信号出现时，就值得怀疑了。

最后，我们发现，2012 ~ 2013 年，医科达公司的某高管进行了一宗重大内幕交易。是时候卖掉医科达的股票了，事实证明这个决定是正确的。在随后的两年中，医科达公司的潜在问题不断浮出水面，股票价格一路跳水。会计预警信号往往标志着企业面临着潜在问题。投资者需要谨慎。

禀赋效应：别爱上手中的股票

在对企业执行严格的基础面分析，然后长期持有的品质投资中，会发生一些错误是由于行为经济学家所称的禀赋效应，即相较其他机会，人们对已拥有的事物的过度欣赏。

品质投资极易受到影响，因为大量的前期研究与广泛筛选会增强禀赋效应，**投资者的所有权意识不仅包括股票，还包括他们自身的分析与判断能力。情感联系会随着时间而被放大，持有一只股票时间越长，越容易受到这种情感因素的影响。**当不断恶化的经济特征被揭露，但投资者仍继续持有该公司股票时，禀赋效应会更加明显。反击的策略之一就是，严肃地问自己，如果能重新开始，你还会选择同一家公司吗？

不过，正如本章讲述其他挑战与错误一样，禀赋效应在品质投资理念中也会发挥积极作用。它令投资者在面临残酷的抛售压力时坚定信心。因此，该竞争因素比其他所有因素都值得警惕。一项长期策略必须能够较好地与市场上可能、将会发生的变化相互协调。所有公司都会在一定程度上演变，而密切关注演变是投资决策过程的重要组成部分。

估值和市场定价

估值的力量不容小觑：如果分析师认为某项投资价格低廉，那么他们就会不假思索地购买。即使估值只是一种预测，即使公司可能面临着行业或竞争对手的压力。因此，品质投资理念将品质放在第一位，估值放在第二位[45]。

在本节中，我们会剖析传统价值评估方法中存在的弊端，随后解释为何市场往往会低估高品质公司。

传统评估方法的局限

在过去十年的大部分时间里，丹麦诺和诺德公司的股价对比它的同行和市场相对昂贵，均以大约 20 倍市盈率进行交易。尽管价格昂贵，但在这十年间，投资者在任何一点进场都能大赚一笔。诺和诺德的盈利增长由其吸引人的、稳定的财务和公司特点所驱动，但是金融分析师的模型总是低估它。诺和诺德公司的案例只是沧海一粟，它体现了优先分析企业质量比估值更具合理性。

传统的估值模型具有多重限制，即使那些能够对现金流进行预测的企业也不例外，譬如现金流折现（Discounted Cashflow Model，简称DCF）。最令人惊奇的是，DCF 模型会被市场主流价格的强大的锚定效应所约束。如果分析表明，某企业估值与市场价格差异显著，比如在 30% 左右，那么你就可以肯定，卖方分析师一定会回到估值的初始条件来调整一些参数的假设。这类倾向使我们怀疑许多 DCF 实践的客观性。以往经验一再表明，这种锚定是有缺陷的。以欧莱雅为例，该企业在 1990 年曾以不足 50 亿美元的市值自豪。即使我们使用最极端的增长假设模型，也甚少有人会预见在 25 年后，欧莱雅的市值将超过 1100 亿美元。

简而言之，像其他投资策略一样，**在进行品质投资时，最关注的是价值投资，品质投资更倾向于在价格低于价值时鼓励投资者买入，但该理念对“讨价还价”极度敏感，除非有基本面“自下而上”的分析支持该投资论点**。同时，在投资者瞄准价值时，往往过于依据结果，将显然是预测的事情理解为铁般的事实，从而错过机会，例如欧莱雅。没有投资者愿意为股票支付高于公允价值的价钱，但如果把品质放在第一位，那么我们就能够抓住长期机会。

品质的估值溢价

任何投资策略都存在超额支付风险，品质投资也不例外，但后者的风险远低于人们的想象。乍看之下，高品质企业的市盈率对比其增长率，尤显夸张。市场上有许多看似拥有高增长率的公司却以低市盈率交易。这只是表面现象，因为在股票市场中，预期增长与实际增长差异巨大。

总体来说，专家的预测十有八九都是错误的，偏差经常性地超过 10%。最重要的是，高品质公司的表现往往超过预期，并且比次级竞争对手更频繁地达到或超过预期值[46]。

如果投资者认为高品质公司的估值倍数过高，我们就会称这些公司为明日股市。许多投资者认为，我们列举的部分公司属于很棒的公司。他们只是希望股价更便宜一点，等到“明天”价格如果下跌时，再入手。

然而问题是，我们很难等到这样的“明天”。如果公司继续运作，那么其相对估值倍数甚少收缩。假如“明天”来了，那么一般都是因为市场处于调整的动荡状态中。虽然这时抓住机会快速入手，就能有利可图，但是当令人心动的估值出现时，就算市盈率高居不下，入手品质公司的股票也是合理的。问问那些从 1965 年后任何时间里错过伯克希尔·哈撒韦公司股票的数以千计的投资者吧，该公司如今的股票价格超过 20 万美元。

股票市场总体会低估高品质公司的价值[47]，这一趋势抵消了投资者超额支付的风险。即使当估值倍数看似很高时，股票价格也往往无法完全体现高品质公司提供的可预测性与价值创造能力。对这种现象的解释包括：市场偏爱短线投资；均值回归假设普遍存在，并且它不会自动应用在定位良好的公司上；对品质公司盈利好转的低估[48]。我们将依次详细讨论。

高品质公司在长期中茁壮成长，但股票市场往往重视短期表现。投资者、分析师和基金管理人以季度或年度表现进行考核与奖励。因此，他们会寻找在未来一两个季度或者一两年内有超凡表现的股票。这种短期关注在投资者持有美国共同基金（US Mutual Funds）的平均时间上更为显现。二十世纪五六十年代，投资者的平均持股时间超过六年，而近期，这一数字已不足一年[49]。另外，将推动市场价格的因素和驱动长期价值的因素进行比较，也体现了这一点。虽然从一年的时间角度分析，近 80% 的股票价格变动都可以解释为市盈率变化[50]，但是驱动股票长期回报的是盈利增长率。如果投资者谋求在短期内从股票市场获利，那么，80% 这一数值就表明了正确估算市盈率对他们的重要性。因此，市场上但凡可能表明股票市盈率变化的信息即使微不足道，都不能错过，而长期盈利能力与可预测性退居次要地位。

市场普遍低估高品质公司的另一个原因是当下流行的均值回归假设，即增长率或回报率一旦超过平均水平，最终都会趋向回归到平均线[51]。我们同意，有大量研究能够强有力地证明商业中的普遍均值回归现象，以及非正常的回报被侵蚀的总体趋势，但均值回归假设不能保证它在所有行业和公司中都能不加区分地应用。

虽然面对开放、竞争激烈的市场，企业无法维持超高水准的表现，但是从品质公司模式中受益的企业则并不必然面临这样的窘境，无论问题是否起因于经常性收入、友好的中间商、收费公路、定价权、品牌实力或其他已分类的因素。在这种情况下，超高的现金流、利润率、回报率和增长在相当长的一段时期内可以持续，甚至能够提高。关注这些企业会减少在预测现金流中出错的概率，由此降低资本永久性损失的风险。当然，这种做法并不能防止损失发生，但能减少损失发生的频率、降低受损程度，这对获得长期回报以及挑选优胜企业尤为重要。

始终能以高增量收益率配置现金流的企业，从长远来看，总是能够超过盈利预期。因此，虽然此类公司的估值溢价可能反映了对经营业绩的一致预期，但也往往低估了实际业绩。由此可见，股票价格往往低估了高品质公司的价值。

老费舍减少错误之法

投资者对企业的了解越深入，就越倾向于做出良好的投资决策。

因此，我们首先要进行详细的基础面分析。分析的目的应该是比任何非业内人士更了解目标企业。调查过程无捷径可言，它涉及对所有公共信息的细致审查，诸如财务报告以及挖掘竞争对手、客户、供应商以及前任员工等独立的消息来源。

知识性探究的基本原则是从多角度研究目标，以形成对目标投资的全景图。这种方法是菲利普·费舍（Philip Fisher）于1958年在其投资作品《怎样选择成长股》（*Common Stocks and Uncommon Profits*）中介绍的“流言蜚语方法”延伸而来。[52] 如果投资者希望成功地应用这种方法，需要保持一颗追根究底的心、博览群书的欲望、广泛收集信息的意愿。事实上，除了显著的企业构成要素之外，投资者多方面地寻找更隐晦的角落，就会有意外收获。

为此，我们的公司雇用了一个大型内部市场研究小组，专门监测行业与消费趋势，以期尽早发现结构性变化的势头。相关来源可能包括一些社交媒体（自从2010年以来，我们就一直在分析）或贸易期刊，即使是一些神秘的行业，也能找到相关的社交媒体或期刊，例如听力学的《听觉期刊》（*The Hearing Journal*）。有时这种辅助调查并不会有什么结果，也甚少能够发掘出关键数据，不过它们往往能产生一些看似无关紧要，但在后期的分析过程中却能表现出相关的观点，使事态明朗。

检查清单、惯性分析及克服偏见

在投资过程中，错误不可避免，但我们可以减少错误，借助一些精心设计、用于对抗错误来源以及总结过去错误和当前偏见的工具。检查清单可以帮助我们保持理性，处理投资过程中出现的重要问题。

考虑到投资的复杂性，没有任何一张检查清单能捕捉每一个细节，或关注每一种风险。不过，它可以促使我们遵循品质投资原则，明确可能会误导投资决策的“自上而下”的外部因素，例如出色的短期增长或可见的较低估值。

理想情况下，一份优秀的检查清单应当列举品质投资所需的所有属性，以及尽职调查的各项步骤。它也应该从过去的错误中总结经验教训，并有根据地做出更新。

另一个实用的工具是惯性分析，它把固定投资组合的假设表现和真实表现进行了比较，对比结果反映了交易决策增加（或减少）的价值量。惯性分析能够敏锐地提醒我们，“无为”也可以归为积极行动，并对比“有为”带来的风险，这也是减少犯错的另一种贡献。

以往的错误可以从认清原因、环境与模式进行剖析。此类事后分析如果能处理各种各样的错误，包括意识到与未意识到的错误，那么就最为有效，比如评估本应或不应或已经进行的交易决策。公开辩论的自我评估总是让人无所适从，正如我们面对自己的错误也有相似的感受，但是它能减少错误。

最后也是最重要的方法是认清并克服偏见。正如丹尼尔·卡尼曼（Daniel Kahneman）在《思考，快与慢》（*Thinking, Fast and Slow*）中总结道：“认知缺陷在投资界无处不在，例如确认偏差、事后偏见和结果偏差。”[53] **许多对品质的评估都存在认知缺陷。击败这些偏差是所有投资者艰难而持续的任务，也是最大的挑战之一。**降低偏差影响的主要技术是尽可能关注过程而非结果：面临不可避免的股市震荡时，坚持基本的投资原则。然而，在依靠业绩说话的世界，这通常会令人气馁，此处应引用歌德（Goethe）的话：“想想容易，做起来难，但是世界上最难的事是按照自己的想法去做。”

结 语

Quality Investing

品质投资是终身学习的过程

定义伟大企业和备受尊崇的企业，往往基于以下几个因素：突破性创新、近期销售增长或企业的绝对规模。作为品质投资者，我们定义卓越的一个重要部分就是企业经济能力（赚钱、现金流等）的持久性。金融理论中有一点也许是对的，即一般而言，不正常的结果不会持续存在：超乎寻常的表现很快将回归平均水平的表现。然而，品质投资关注例外情况，寻找能克服回归力量、持续保持突出业绩表现的那些企业。

高品质公司从具有吸引力的行业结构以及拥有竞争优势的独特模式中受益，传递了可持续的高增长，实现了资本的长期强劲回报。两者相结合，便能为耐心的投资者带来巨大的价值。尽管要关注持久性，但是企业还是会改变，并且不总是朝着好的方向。保持警惕并尽早地发现这些变化，这对于投资结果尤为重要，正如在一开始就要认清楚高品质公司。

在投资领域，经验是重中之重。如果投资只是简单地按照规则手册操作，那么还有必要进行实践学习吗？不过，如果投资理念能具备不断适应、不断从经验中学习的特点，那么它一定是行之有效的。品质投资是终身学习的过程，而非静止不变的方式和方法。我们同意本杰明·富兰克林（Benjamin Franklin）所说的：“对知识的投资总会得到最佳收益。”

尾 注

Quality Investing

1. 在本地货币计价，AKO 有限基金（多空基金）的 A2 类股对比欧洲基金指数（净值），时间：2005 年 10 月 1 日 ~ 2015 年 9 月 30 日。
2. 以资本回报率为基础，AKO Capital 从 2005 年 10 月 1 日至 2015 年 9 月 30 日的长期账目表现优于欧洲基金年均 7.7%（调整前）或 8.4%（数据调整后）指数。对比数据的计算使用了 AKO Capital 的内部记录。
3. 罗伯特·M. 波西格（Robert M. Pirsig）所著《禅与摩托车维修艺术》（*Zen and the Art of Motorcycle Maintenance*）（威廉莫洛出版社公司，1974 年）。
4. 沃伦·巴菲特（Warren Buffett）所著《给伯克希尔·哈撒韦股东的信》（*Letter to Berkshire Hathaway Share*）（1992 年）；再版沃伦·巴菲特和劳伦斯·坎安宁（Lawrence A. Cunningham）所著《巴菲特致股东的信》（*The Essays of Warren Buffett*）（卡罗莱纳出版社，第 3 版，2013 年）p. 107。
5. 见克利福德·阿尼斯（Clifford Asness）、安德烈亚·弗兰希尼（Andrea Frazzini）和赖西·佩德森（Lasse Pedersen）合著的《去除糟粕后的品质》（*Quality Minus Junk*）CFA 摘要，44 卷，2013 年（www.cfainstitute.org/learning/products/publications/dig/Pages/dig.v44.n1.18.aspx）。

   在这项研究中，研究人员测试了品质企业特质的持久性。本文发现，在为期十年的研究中，其特质均得以维持。研究同样表明，品质企业价格更昂贵，大部分因为它们具有出色的盈利能力与增长势头。另一方面，公司的安全性表现出了混合相关性，并且，当其他因素被控制时，企业的安全性甚至会呈负数。这表明虽然市场倾向于辨识品质公司，但并不会支付可预测性溢价。更何况，溢价定价并不一定意味着公司的估值准确。

6. 见保罗·卡罗尔（Paul B. Carroll）和梅振家（Chunka Mui）合著《亿万美元的教训课》（*Billion Dollar Lessons*）（投资组合，2008 年）。作者用了一个章节的篇幅来讨论一次失败的联合上市。他在书中强调了在联合上市策略中，快速交易决策带来了欺诈的可能性。作者强调，联合上市没有建立一体化的模板，并且它们的改善一般并不令人信服："有时，联合上市就像将一群摇滚组合凝聚在一起，想要组成一支管弦乐队。" p.61。

7. 见马克·L. 赛罗沃（Mark L. Sirower）所著《协同效应的陷阱》（*The Synergy Trap*）（西蒙苏斯特出版社，2007 年），p.14，"许多收购溢价需要几乎难以实现的表现提升，即使是对最优秀的投资经理在最理想的情形下也不例外"。

   麦肯锡公司 2004 年的一项研究 [斯哥特·克里斯托弗森（Scott Christofferson）、罗布·麦克尼什（Rob McNish）和戴安·西亚斯（Diane Sias）合作撰写的《企业兼并哪里出了错》（*Where Mergers Go Wrong*），麦肯锡金融报告，2004 年] 发现，交易完成后的成本协同效应成功率是 60%。大部分公司能够实现成本目标，但是降低成本一般比预期的时间要长。然而，提到收入协同效应，情况就完全不一样：70% 的交易不能实现收入的协同目标。由于尽职调查不充分，对市场增长持乐观预测，或者低估合并的反综合效应，原始目标通常被过度夸大。在同一份报告里，麦肯锡估计，企业合并平均损失了 2% ~ 5% 的双方客户。

8. 见彼得·林奇（Peter Lynch）所著《选股战略》（*One Up on Wall Street*）（西蒙苏斯特出版社，2000 年）。

9. 见爱丽丝·博纳美（Alice Bonaime）、克莉斯汀·汉金斯（Kristine

Hankins）和布拉德福·乔丹（Bradford Jordan）合著《财务灵活性的成本》（*The Cost of Financial Flexibility*），ssrn.com，2015 年。

10. 普华永道（PWC）报告《全球运营资本回顾》（*Global Working Capital Review*），2013 年，p. 26。
11. 现金资本投资（CROCCI）的回报率是一项非杠杆、根本性的税后现金报酬数据。分母（总现金投资）包括固定资产净额、运营资本和累积折旧除以摊销和资本化租赁（不包括年金负债或者资产）。分子是负债调整后的现金流（DACF）减去租赁调整，税后经营现金流，不包括融资费用。
12. 投资现金流收益（CFROI）是瑞士信贷对资本回报的衡量；现金流近似代表了公司的经济回报。
13. 瑞士信贷的霍尔特研究小组使用首字母缩略词“eCAP”来描述此类股票。该理论认为，此类公司享受持续的竞争优势时期（CAP）。eCAP 股票是五年来维持高投资现金流收益（超 8%）：eCAP 的支持者约占欧洲指数的 12%。按行业门类分，eCAP 领域明显在消费和医疗类型的股票上配置更多，在基本资源和公共事业等行业配置较少。
14. 见伊恩·利特尔（Ian Little）所著《一团乱麻的利润增长》（*Higgledy-Piggledy Growth*），《牛津大学经济学研究所和统计公报》，1962 年。
15. 布莱恩特·马修（Bryant Matthews）和大卫·霍兰德（David A. Holland）合著《为机会而准备：预测公司增长》（*Prepared for Chance: Forecasting Corporate Growth*），2015 年 2 月。
16. 资料来源：彭博数据。
17. 例如，同样在 2009 ~ 2014 年度，AKO Capital 长期账面（截至 2014 年底）广泛传递了收益增长与共识预期的一致性。并非每一家公司每年都有收益增长，但总体来说，这些公司普遍传递了预期增长。每股收益增长率是 10%（对比欧洲市场的复合年增长率仅 1%）。

18. 见高盛投资公司 SUSTAIN 出版物，包括尼克·哈特莱（Nick Hartley）的《誓言的更新》（*A Renewal of Vows*），2013 年 4 月。

19. 乌而里克·马尔门迪尔（Ulrike Malmendier）和杰弗里·泰特（Geoffrey Tate）合作撰写的《超级明星 CEO》（*Superstar CEOs*），刊登在《经济学季刊》（*The Quarterly Journal of Economics*）124:4（麻省理工学院出版社，2009 年 11 月），p.1593 ~ 1638。

20. 见德尔·琼斯（Del Jones）所著《一些公司为未来 CEO 提供的肥沃成长土壤》（*Some Firms'Fertile Soil Grows Crop of Future CEOs*），刊登在《今日美国》（*USA Today*），2008 年 1 月 9 日。

21. 菲尔·罗森维（Phil Rosenzweig）的《光环效应》（*The Halo Effect*）和《管理者如何自己骗了自己》（*How Managers Let Themselves Be Deceived*），口袋书出版公司，2008 年。

22. 见约翰·道斯（John G. Dawes）所著《香烟品牌的忠诚度和购买模式》（*Cigarette Brand Loyalty and Purchase Patterns*），南澳大利亚大学埃伦伯格巴斯研究所，2012 年。

23. 巴西美洲饮料集团 2014 年在巴西的市场份额为 68%。

24. 唐纳德·A. 海（Donald A. Hay）和德里克·J. 莫里斯（Derek J. Morris）合著《产业经济学和组织》（*Industrial Economics and Organization*）（牛津大学出版社，1991 年），p. 200: “产业结构和价格设定之间的关系仍非常模糊……我们很难避免这样的结论，如果存在任何类似的链接，那么它们都是模糊且薄弱的……产业结构或许会对价格程序有重要的影响……但是它并没有在长期发展的价格变化格局中发挥核心作用。”

25. 这个部门已经于 2014 年 11 月出售给了殷拓集团（EQT Partners）。

26. 造口术是外科手术中开在身体的口子，通常用于促进体内废物的排出。丹麦康乐保公司（Danish Company Coloplast）是全球领导者之一，占据 35% ~ 40% 的市场份额。在这个利基市场中，运营的效益体现在康乐保的高投资现金流收益率（2014 年为 24%）和高经营利润（基准超30%）上。

27. AKO Capital 市场研究团队进行的两项研究支持了这种说法。在 2013 年 8 月，我们进行了一项消费者调查，访问了美国现年 21 ~ 74 岁的富裕消费者（家庭年收入超过 200000 美元）。如果消费者信心指数恶化，超过一半的受访者（55%）表示他们“不可能”或者“不太可能”减少在身体（头发、皮肤或化妆品）上的花费。唯一可能减少的花费类别是教育。2015 年 8 月，我们同样对中国 711 位富裕大众（每月家庭收入在 16000 元以上）进行了调查。假设消费者信心指数恶化，中国受访者表示，他们将平衡或者减少在外表上的支出。然而，这样的支出再一次排在了弹性最强类别的第二名，位于教育之后。

28. 见皮特斯 · J. 迈克尔（Peeters J. Middel）和胡尔豪特斯（Hoolhorst）合著的《商用飞机的燃油效率，历史和未来趋势概述》（*Fuel Efficiency of Commercial Aircraft, An Overview of Historical and Future Trend*），2005 年（airneth.nl）。

29. 该公司拥有来自 70 个不同国家 160 个地区超过 11000 名专业服务人员。

30. 详见针对璐尔拉 – 梅 · 埃尔夫瑟里奥 – 史密斯（Louella–Mae Eleftheriou–Smith）的访谈，瑞安航空首席执行官迈克尔 · 奥利里（Michael O'Leary）表示：只要不是谋杀罪，负面的宣传会帮助卖出更多的座位。2013 年 8 月（marketingmagazine.co.uk）。

31. 麦肯锡公司，《持久家族企业的 5 项特质》（*The Five Attributes of Enduring Family Businesses*），2010 年。

32. 麦肯锡公司，《论创始人和家族企业》（*Perspectives on Founder-and Family-Owned Businesses*），2014 年；以及《家族企业》（*Family Firms*），刊登在《经济学人》，2014 年 11 月。

33. 克里斯蒂娜 · 克鲁斯 · 塞拉诺（Cristina Cruz Serrano）和劳拉 · 努纳兹 · 莱

塔门迪亚（Laura Nunez Letamendia），《欧洲上市家族企业的价值创造》（*Value Creation in Listed European Family Firms*）（2001 ~ 2010 年），《管理学会期刊》（2015 年）。

34.《石油行业的无名大亨》（*The Unsung Masters Of the Oil Industry*），《经济学人》2012 年 6 月。

35. 霞飞诺集团在 2005 年 12 月再次回归每股 60 欧元，股价按绝对值计算跌超 80%。

36. 根据瑞士信贷霍尔特团队的回溯测试数据，我们发现，拥有 ECAP 股票的策略（ECAP 指的是投资现金流回报持续五年或以上保持优越的股票）在过去的 20 年中，有 15 年表现优于市场表现。该结果与高盛集团 SUSTAIN 团队的数据大致相同，在相对规模上，第一四分值投资回报率公司甚至有更一致的优异表现的长期规律。

37. AKO Capital 分析了从 2004 年第一季度到 2013 年第二季度（排除 2007 年和 2008 年经济危机年）644 家公司的利润预警，得出了以下发现：

- 利润预警越糟糕，企业的后续表现和指标越悲观（后续表现不包括原始股价下跌带来的利润预警）。对于股票价格受媒体报道数字影响，下跌超 10% 的企业来说更是如此。
- 利润预警越频繁发生，企业在最后一次利润预警发生后的表现越糟糕。例如，企业的股价如果在一年内出现了两次 10% 的利润预警，那么它的表现会比只出现一次利润预警的企业要差劲。
- 投资现金流回报率较低的企业往往会更频繁地出现利润预警，并且利润预警出现后的表现比拥有较高投资现金流回报率的企业要糟糕。利润预警出现后企业的表现差异显著：假设其他条件一致，在利润警报后，拥有较高投资现金回报率（一般高于 15%）企业的表现通常会高出较低投资现金回报率（低于 5%）的企业 10%。
- 约三分之一发布了大量利润预警的企业（被定义为原始股价跌

10% 以上）会在一年内出现超过一个以上的较大利润预警。后续的利润预警一般会更严重。

- 相比于 CEO 稳定的企业，近期 CEO 有变动的企业较容易发布利润预警。
- CEO 变动后发生利润预警的企业往往会跑赢市场指数。

38. 市场力量资讯网站（Market Force Information）调查了 6800 人，调查结果发布在《英国杂货杂志》（*The Grocer Magazine*），2015 年 6 月。
39. 伊利亚 · 迪切夫（Ilia Dichev）、坎贝尔 · 哈维（Campbell Harvey）和希瓦拉姆 · 拉杰戈帕尔（Shivaram Rajgopal）所著的《收益质量》（*Earnings Quality*）（工作论文），2012 年。
40. 过早的收入确认：企业通常会加快或者提前确认收入，通过提供回扣或者更宽松的信贷条款（有效期为一段时间）来诱使消费者在一段时间内购买比实际需要更多的商品。虽然这种做法可以导致收入在这一时期内增加，但此类收入往往使未来收入减少。应收账款显著地增加或许暗示了收入的过早确认。收入确认欺诈的做法在企业间广泛流行，公司采取所谓的完工百分率法，赋予管理者在时间、金额和收入分类方面的巨大自由裁量权。会计危险信号会出现在收入确认、客户已支付金额和预开账单（递延营收）的相对水平上。
41. 夸大的毛利率：夸大毛利率最常见的方法是过度生产。一旦企业生产过度，其固定成本将被分摊到更多的产品单位上，从而提高毛利率。增加的存货水平，无论对于销售成本还是对于下一阶段的收入来说，都能表明生产过度或者毛利率被夸大。此外，如果企业的存货水平过高，其未来毛利率将在生产减缓、折扣或者陈旧老化费用下面临重压。
42. 不恰当的资本化费用：企业将营业费用记为资产，并夸大营业利润。最容易受到过于激进的或不恰当的资本化的运营费用包括研发、软件开发、客户获取、劳务和长期开销项目。将费用资本化最典型的迹象是，在一段时期内，企业资本化费用对比总费用和资本化费用存在无法解释的波峰。

43. 储备消耗：储备消耗是常见的收益管理技术。在繁荣时期，企业建立储备，如坏账津贴；在不景气的时期，企业通过减少或者不补充储备来增加收益。任何会涉及相关账户的储备减少都代表一种不可持续的收入增加，例如呆账准备情况下的应收账款。在美国，这种做法通常被称为“饼干罐储备”。

44. 操纵现金流：操纵现金流的常用方法有：销售 / 应收款让售、延长应付账款、不合理的费用资本化。通过销售 / 应收款让售，企业在账款到期之前，将应收款转换为现金。这种做法夸大了企业在一段时间内的现金流量。企业将应收账款转换给投资者（通常是银行），以换取现金，减少费用。除了从运营中提供不可持续的现金流增长，这种做法也可以掩盖收入被人为地“向前拉”的现象。当然，应收账款保理是许多行业里的标准惯例，因此，客户需要具备洞察力，这一点很难做到。

通过延长应付账款，企业只是将付款义务延迟到后期，从而在当前较短一段时间内夸大经营性现金流。虽然这种现金流管理技术众所周知，但是企业仍在一定程度上使用它来推动或者维持经营现金流。通过不合理的费用资本化，企业将营业费用记为资产，除了会夸大经营利润外，还会夸大经营现金流。

45. 企业价值评估的基本概念很简单，但往往在应用上存在极大的困难。从理论的角度看，金融资产的价值等同于其未来现金流按照适当比例折算到当前的价值。但在实践中，这个理论上的理想模型受到了挑战，首先是预测现金流的困难。将理论完美应用到现实的最好方法就是与能预测现金流的企业合作，排除其他企业。

金融理论和证券市场规定，所有公司都可以通过选择适当的折现率进行估值，包括那些有着不稳定的现金流历史的公司。在折现率选择中，我们有一个普遍使用的工具——风险值。它来源于企业相对历史上的股价波动。尽管风险值被大众所接受，但它仍广受批评，尤其是因为它很难说明股票价格波动率是判断企业经营风险的良好指标。当然，私人企业所有者不会使用这种工具评估商业风险。

在任何情况下，折现率都不会探测到投资面临的最大风险，即资本的永久性损失。如果投资价值无可挽回地遭受侵蚀，那么原因通常在于企业的经营分析：企业的未来前景存在投资者欠缺考虑的方面。从这点出发，明智的做法是回避现金流缺乏可预测性的企业，而非试图预测不确定模式，或者使用如风险值等武断的工具进行风险调整。

46. 见高盛集团 SUSTAIN 出版物，例如尼克·哈特莱（Nick Hartley）的《誓言的更新》（*A Renewal of Vows*），2013 年 4 月。

47. 见查克·乔伊斯（Chuck Joyce）和金博尔·梅尔（Kimball Mayer）的《长远利益》（*Profits for the Long Run*），GMO2012 年。该项研究以与质量相关的金融变量为基础，探索了从 1965 年至 2012 年间美国 1000 家大型企业。低杠杆、高盈利能力、低利润波动性和低风险值是用于表明质量的一系列因素。该研究比较了得到最高四分位值企业的表现，并将之与回报基准对比。所有的因素在此期间每年的表现都优于回报基准。结果范围包括 0.8% 低杠杆率到 0.4% 高利润率和低利润波动率。根据其自身定义，低风险值应低于市场回报率，但它实际交出了超过基准回报 0.5% 年化收益率的出色表现。

48. 市场偏见和定价错误的另一个原因是对累积资产不均衡的激励。传统长期投资者仍然占据全球股票市场的主导地位，他们的资金大部分来自其管理的资产。资产管理者的资金流入是由历史业绩决定的。然而，资本在股市平均水平上升时的流入量，远大于股市水平下跌时的流入量。因此，跑赢牛市比跑赢熊市更有价值。这导致了市场对有潜力上升的股票的需求高于在牛市（高风险值）的平均值，并使市场远离可预见性的股票，更多地投入牛市和熊市（低风险值）。

市场对高风险值股票根深蒂固的偏见可能成为品质抑价的另一原因。因为品质企业有相对可预见的增长和稳定收益，所以其风险值往往较低。一项研究在对比之后得出结论：相比起低风险值的股票，投资者更愿意为高风险值的股票支付过高的价码。见弗拉奇尼（Frazzini）和佩德森（Pedersen）合著的《押注风险值》（*Betting Against Beta*），2011年10月9日。这是因为大部分机构投资者受到杠杆的使用限制。因此，他们必须增持高风险值股票，以产生比基准要高的回报。该行为使高风险值股票的需求往往高于低风险值股票。

49. 资料来源：数据流（Datastream）。在过去的五年里，美国共同基金平均持有期低于一年。

50. 资料来源：高盛集团 SUSTAIN:《回报和透明度》（*Returns and Alpha*），2011年9月6日。

51. “经济学中有一个强力推定，即在激烈的竞争环境中，盈利能力总会均值回归。”尤金·法玛（Eugene F. Fama）和肯尼斯·弗伦奇（Kenneth R. French）合著《预测盈利能力和收入》（*Forecasting Profitability and Earnings*），2000年，p.161。

52. 菲利普·费舍（Philip A. Fisher）所著《怎样选择成长股》（*Common Stocks and Uncommon Profits*）（哈珀兄弟出版社，1958年）。

53. 丹尼尔·卡尼曼（Daniel Kahneman）所著《思考，快与慢》（*Thinking, Fast and Slow*）（法拉·斯特劳斯·吉洛克斯出版社，2011年）。

致 谢

Quality Investing

我们要感谢理查德·皮尔斯（Richard Pearce）在本书每一个阶段中做出的贡献。可以说在整个出版过程中，他在某种程度上保留了自己的幽默感。

坎宁安要感谢卓越的编辑专家——斯蒂芬妮·杜巴（Stephanie Cuba），以及莉莲·怀特（Lilian White）提供的行政协助。

艾德和哈格里夫也要感谢迈尔斯·亨特（Myles Hunt）、克雷格·皮尔斯（Craig Pearce）和哈里曼出版公司的苏珊娜·塔尔（Suzanne Tull）。感谢提供实用建议以及进行细致编辑工作的爱丽丝·沃夫（Alice Waugh）。感谢提供诸多宝贵意见的 AKO Capital 的同事。

我们尤其要感谢提供了许多宝贵意见的戈姆·托马森（Gorm Thomassen），还有给予作者支持、指导和启发式领导的尼古拉·坦根。如果不是他们的远见卓识，如果不是他们渴望从错误中学习，这本书也不可能面世。衷心感谢。